ADAC Reiseführer

Dänemark

**Feste · Strände · Museen · Historische Stätten
Natur- und Freizeitparks · Hotels · Restaurants**

Die Top Tipps führen Sie zu den Highlights

von Alexander Jürgens

☐ Intro

Dänemark Impressionen 6

Meeresstrand und Königsland im hohen Norden

8 Tipps für cleveres Reisen 12

Sonne, Camping, Dänen-Dinner

8 Tipps für die ganze Familie 14

Lego, Märchen, Drachenboote

☐ Unterwegs

Seeland und südliche Inseln – vom weltoffenen Kopenhagen zu weißen Kreidefelsen 18

- **1 Kopenhagen** 18
  - Vom Rathaus zur Schlossinsel 20
  - Christianshavn 23
  - Beiderseits des Strøget 24
  - Zwischen Kongens Nytorv und Kleiner Meerjungfrau 26
  - Parks und Museen im Nordwesten 28
  - Tivoli und Vesterbro 30
  - Brückenviertel 32
  - Ausflüge nach Norden 32
  - Ausflüge nach Süden 33
- **2 Roskilde** 37
  - Sagnlandet Lejre 40
- **3 Helsingør** 41
  - Humlebæk 43
  - Strände im Norden 44
- **4 Hillerød** 44
  - Fredensborg 45
- **5 Korsør** 47
- **6 Trelleborg** 47
- **7 Næstved** 48
  - Ringsted 48
- **8 Lolland** 49
- **9 Falster** 50
- **10 Møn** 52

Bornholm – Perle der Ostsee 54

- **11 Rønne** 55
  - Nyker 56
  - Brogårdsten 56
- **12 Allinge** 57
  - Hammershus 58

- **13** **Gudhjem** 59
  Helligdomklipperne 59
- **14** **Østerlars** 61
- **15** **Nexø/Neksø** 62
  Svaneke 62
- **16** **Dueodde** 63
- **17** **Aakirkeby** 64
  Nylars Kirke 65

Fünen – Märcheninsel mit prächtigem Segelrevier 66

- **18** **Odense** 66
  Den Fynske Landsby 68
- **19** **Nyborg** 71
  Kerteminde 71
  Ladby 72
- **20** **Egeskov Slot** 73
- **21** **Faaborg** 74
- **22** **Svendborg** 75
- **23** **Tåsinge** 77
- **24** **Langeland** 77
- **25** **Ærø** 78

Süd- und Mitteljütland – Land zwischen Nord- und Ostsee 80

- **26** **Sønderborg** 81
- **27** **Haderslev** 83
  Christiansfeld 84
- **28** **Kolding** 85
- **29** **Jelling** 86
  Billund 86
- **30** **Tønder** 88
  Møgeltønder 88
  Løgumkloster 89
- **31** **Rømø** 90
- **32** **Ribe** 91
  Nationalpark Wattenmeer 94
- **33** **Esbjerg** 96
  Fanø 96
- **34** **Ringkøbing Fjord** 98
- **35** **Silkeborg** 101
  Herning 102
- **36** **Aarhus** 103
- **37** **Djursland** 106
  Anholt 107

Nordjütland – Nordseestrand und Waldeinsamkeit 108

- **38** **Mariagerfjord** 108
  Rebild Bakker 110

| 39 | **Aalborg** 110
  Lindholm Høje 113
  Løgstør 113
| 40 | **Salling** 113
| 41 | **Lemvig** 114
  Struer 115
  Holstebro 115
  Thyborøn 115
| 42 | **Thy** 116
| 43 | **Jammerbugten** 117
| 44 | **Hirtshals** 119
| 45 | **Frederikshavn** 120
  Sæby 120
  Læsø 120
| 46 | **Skagen** 121

Dänemark Kaleidoskop

Mutter der Vergnügungsparks 31
Rot-weißer Nationalstolz 40
Wehrhafte Schale, sakraler Kern 57
Märchendichter für die Welt 70
Von Dänen und Deutschen 81
Modernes dänisches Design 87
Seefahrer, Händler und Eroberer 95
Färöer und Grönland – dänische Außenposten im Atlantik 99
Gold des Nordens 117
Künstlerkolonie in nördlichem Licht 122
Das Land erfahren 127
Mehr als Pølser und Smørrebrød 129

Karten und Pläne

Dänemark
  vordere Umschlagklappe
Kopenhagen
  hintere Umschlagklappe
Odense 68
Ribe 93
Aarhus 104
Aalborg 111

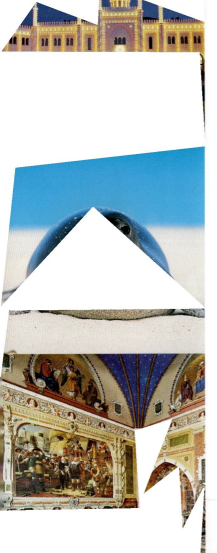

☐ Service

Dänemark aktuell A bis Z   125

Vor Reiseantritt 125
Allgemeine Informationen 125
Service und Notruf 126
Anreise 127
Bank, Post, Telefon 128
Einkaufen 128
Essen und Trinken 129
Feiertage 129
Festivals und Events 130
Klima und Reisezeit 131
Nachtleben 131
Sport 131
Statistik 133
Unterkunft 134
Verkehrsmittel im Land 135

Sprachführer   136

Dänisch für die Reise

Register   141

Impressum 143
Bildnachweis 143

Leserforum

Die Meinung unserer Leserinnen und Leser ist wichtig, daher freuen wir uns von Ihnen zu hören. Wenn Ihnen dieser Reiseführer gefällt, wenn Sie Hinweise zu den Inhalten haben – Ergänzungs- und Verbesserungsvorschläge, Tipps und Korrekturen –, dann kontaktieren Sie uns bitte:

**Redaktion ADAC Reiseführer
Travel House Media GmbH
Grillparzerstr. 12, 81675 München
adac.reisefuehrer@travel-house-media.de**

Dänemark Impressionen
Meeresstrand und Königsland im hohen Norden

Auf ans Meer! In Dänemark kein Problem bei einer 7400 km langen Küstenlinie, deren endlos wirkende Strände entlang der Nord- und der Ostsee im Sommer zu **Wasserspaß** und **Sonnenbaden** einladen. Das Hinterland mit idyllischen Dörfern und gemütlichen Landgasthäusern, den sog. Kros, mit Feldern und Wäldern, scheint wie geschaffen für **Fahrradtouren** und **Wanderungen**.

Ganz im Osten, auf der Insel *Seeland* am Ufer des *Øresund*, erheben sich die Türme von **Kopenhagen**, der traditionsreichen, lebensfrohen Hauptstadt des Landes. Ihre Museen, das historische Stadtbild mit den königlichen Schlössern, aber auch die berühmte Shoppingmeile *Strøget* sowie beste Restaurants, originelle Kneipen und Musikklubs sind mehr als eine Reise wert.

Dänemark, Deutschlands nördlicher Nachbar, ist ein überschaubares **Königreich** mit 5,6 Mio. Einwohnern, die überwiegend der lutherischen *Folkekirken* angehören. Die gesamte Landfläche Dänemarks umfasst gut 43 000 km², das ist etwas weniger als das deutsche Bundesland Niedersachsen. Den größten Teil macht die lang gezogene, grüne Halbinsel **Jütland** aus, die sich von der Grenze zu Schleswig-Holstein 310 km bis nach *Grenen* im Norden erstreckt, sowie die beiden mittlerweile durch Brücken verbundenen Inseln **Fünen** und **Seeland**. Dazu kommen etwa 400 weitere Eilande, von denen rund ein Viertel bewohnt ist. Eine Sonderstellung nimmt die Ostseeinsel **Bornholm** ein, die etwa 150 km östlich von Kopenhagen, doch nur knapp 40 km südlich der schwedischen Küste liegt.

Island-Hopping auf Dänisch

Seit Ende des 20. Jh. verbinden zahlreiche, teils kühn geschwungene Brücken die dänischen Inseln miteinander. Dank der gut 18 km langen *Storebælt Brø*, einer Brücke über den **Großen Belt**, welche die Meerenge zwischen Fünen und Seeland überspannt, sowie der im Jahr 2000 ein-

Oben: *Ehrenwache vor Schloss Amalienborg, dem Wohnsitz der Königin*
Links unten: *Abendlicher Lichterglanz im Tivoli von Kopenhagen*
Rechts unten: *Hafen von Rønne auf der Insel Bornholm*

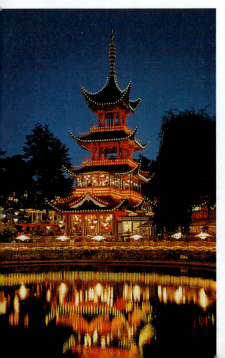

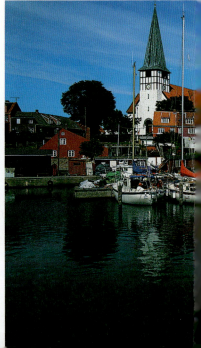

geweihten, 16 km langen Tunnel-Brücken-Konstruktion über den **Øresund** zwischen Kopenhagen und dem schwedischen Malmö können Autos und Züge von Deutschland oder *Jütland* aus die dänische Hauptstadt und Südschweden erreichen, ohne ein einziges Mal eine Fähre zu benötigen.

Auch viele andere dänische Inseln sind trockenen Fußes zu erreichen, von **Møn**, **Lolland** und **Langeland** im Osten bis zum nordfriesischen **Rømø** vor der Westküste. Doch **Bornholms** Küsten müssen Besucher weiterhin mit der Fähre ansteuern.

Wellentäler und Bergeshöhen

In den dänischen Häfen liegen im Sommer viele Hundert Boote einheimischer sowie vor allem schwedischer und deutscher **Freizeitkapitäne**. Daneben demonstrieren gedrungene Fischkutter, auf deren Decks sich Reusen und Netze türmen, dass Nord- und Ostsee auch Arbeitsplätze sind. Etwa 10 000 **Seeleute** fahren mit etwas mehr als 3000 Schiffen jeden Tag zum Fisch- und Krabbenfang aufs Meer. In vielen Häfen erfreuen kleine Fischgeschäfte Urlauber und Einheimische mit tagesfrischen Meeresfrüchten.

Dänemark kennt keine steilen Gipfel oder tiefen Schluchten. Der **Møllehøj** bei Skanderborg in Mitteljütland kann mit einer Höhe von knapp 171 m bereits den Titel als höchster Berg des Landes beanspruchen. Jütland und die Inselwelt bis zum schwedischen Festland sind vor allem durch die Gletscher der Eiszeiten geformt, die das Land auf einem Untergrund von Kreidegestein vor mehr als 10 000 Jahren zeitweise mehrere Hundert Meter hoch bedeckten. Eine fast bis an die Nordspitze durchgehende **Strandzone** mit Dünen entlang der Westküste Jütlands, eine fruchtbare Landschaft mit Flüssen, **Feldern** und **Wäldern**, Seen und Meeresbuchten im Osten bilden den beschaulichen Rahmen für oft malerische Dörfer, Städte und Häfen. Der *Limfjord*, eine stark zerklüftete **Wasserstraße**, die sich zuweilen seenartig verbreitert, zieht sich von *Thyborøn* an der Nordsee bis *Hals* an der *Aalborg Bucht* quer durch den Norden Jütlands.

Im Südosten der Inseln *Møn* und *Falster* tritt dagegen das **Kreidegestein** als dekorative, bis über 100 m hohe Steilküste an die Oberfläche. Allein *Bornholm* unterscheidet sich durch seinen Untergrund aus **Granit** geologisch vom Rest des Landes.

Moderne Monarchie

Mit **Königin Margrethe II.** repräsentiert eine überaus populäre Monarchin den wohlgeordneten dänischen Staat. Die Linie des Königshauses lässt sich mehr als 1000 Jahre zurückverfolgen, ein einmaliges Beispiel für stabile Herrschaftsverhältnisse in Europa. Auch wenn das Land bereits seit 1973 der **Europäischen Union** angehört, reagieren viele Dänen empfindlich auf vermeintliche oder tatsächliche Einschränkungen ihrer Souveränität. Bislang hat sich das dänische Volk in Abstimmungen gegen die Ablösung der dänischen Krone durch den Euro ausgesprochen.

Familienurlaub an Dänemarks Küsten

Die herrlichen, weiten **Sandstrände** und herrliche Dünenstreifen entlang der dänischen Küsten gehören für viele Besucher zu den wichtigsten Beweggründen, die Ferien im südlichsten Land Skandinaviens zu verbringen. Fast die Hälfte der Einnahmen aus dem Tourismussektor geht auf deutsche Familien zurück, die einige Urlaubswochen im kinderfreundlichen Dänemark verbringen, meist in gemütlichen Ferienhäuschen oder auch auf properen Campingplätzen.

Die **Sommersaison** reicht von Mai bis September, dann haben alle Restaurants, Sehenswürdigkeiten, Museen und Vergnügungsparks geöffnet. Im Juli und August treffen sich Sonnenhungrige und Badende an kilometerlangen Stränden, an denen kaum ein Gefühl der Enge aufkommt. **Wasser-** und **Strandsport**, neben dem Schwimmen vor allem Segeln und Windsurfen, Kanu- und Fahrradfahren, aber auch Angeln oder Golfen gehören zu den beliebten **Urlaubsaktivitäten**.

 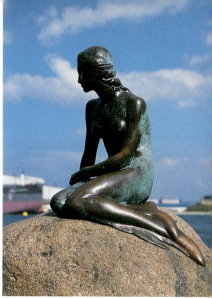

In stürmischen Herbst- und ungemütlichen Wintermonaten kann vor allem entlang der Westküste, an der sich die Wellen der Nordsee brechen, der Wind mitunter recht heftig über die Dünen heulen. Doch auch in den beiden Wochen um die **Jahreswende**, zwischen Weihnachten und Neujahr, sind die winterfesten Häuser in den Dünen voll belegt, denn in Dänemark gibt es kein schlechtes Wetter, nur falsche Kleidung. Für viele Besucher gibt es nichts Schöneres als Spaziergänge über den winterlichen Strand mit anschließendem Sauna-

Oben (v.l.n.r.): *Blondschopf in traditioneller Tracht, Drachenboot in Faaborg, süffiges Bier an jeder Straßenecke und die Kleine Meerjungfrau in Kopenhagen*
Unten: *Platz ist in der kleinsten Hütte, auch in diesem reizenden Ferienhäuschen bei Ærøskøbing*

Oben: *Mittelalterliche Fresken schmücken die Fanefjord Kirke auf der Insel Møn*
Unten: *Im Roskilde-Fjord können Besucher in nachgebauten Wikinger-Schiffen segeln*
Rechts oben: *Nicht auf der deutschen Insel Rügen, sondern an der Küste von Møn erheben sich diese Kreidefelsen*
Rechts unten: *Dänische Gastlichkeit im Hotel Dagmar in Ribe*

gang im Ferienhaus und einem gemütlichen Abend vor dem knisternden Kaminfeuer – einfach gemütlich, *hyggelig*, wie man in Dänemark sagt.

Entspannung pur – mit Kultur in der Natur

Wer ein Urlaubsziel zum **Entspannen** und **Erholen** sucht, ist in Dänemark bestens aufgehoben. Wer überdies gern interessante Museen und Galerien besucht, findet selbst in kleineren Städten Ausstellungen von erstaunlichem Niveau. Schon die Wikinger wussten Kunst zu schätzen, wie Exponate in zahlreichen **Wikingermuseen**, etwa in Roskilde, Ribe oder Vejle, mit Silberschmuck, fein verzierten Schwertgriffen oder gemeißelten Bildsteinen belegen. Auch die Kunst der Renaissance hat mit Schlossanlagen wie **Frederiksborg** bei Hillerød oder der Wasserburg **Egeskov** auf Fünen eindrucksvolle Zeugnisse hinterlassen.

Dichter und **Denker** bescherten Dänemark in der ersten Hälfte des 19. Jhs. ein *Guldalder*, ein ›Goldenes Zeitalter‹, das Landschaften und Gesellschaftsverhältnisse kunstvoll romantisch verklärte. Damals wandelten z.B. der Religionsphilosoph *Søren Kierkegaard* und der Schriftsteller *Hans Christian Andersen* durch Kopenhagens Gassen. Um die Wende zum 20. Jh. gewannen **Maler** wie Anna und Michael Ancher oder Peder Severin Krøyer an Einfluss, die im nördlichen Licht der Künstlerkolonie von *Skagen* unter freiem Himmel arbeiteten und auch das harte Leben der Fischer porträtierten.

In den letzten Jahrzehnten machten sich vor allem dänische **Designer** und **Architekten** international einen Namen. Zu ihren klassischen Entwürfen gehören so unterschiedliche Werke wie das spektakuläre Opernhaus in Sydney von *Jørn Utzon* mit seinen ineinander greifenden Schalen oder die funktionellen Lampen und Stühle des Gestalters *Arne Jacobsen*.

Zum bekanntesten lebenden Künstler des Landes zählt heute der **Filmemacher** *Lars von Trier* (u.a. ›Melancholia‹). Überhaupt gehört der neuere dänische Film mit **Regisseuren** wie *Bille August*, *Søren Krag-Jacobsen* oder *Thomas Vinterberg* zu den herausragenden innovativen Kulturbeiträgen in Europa. Auch hierzulande großen Fernseherfolg feierten zudem dänische TV-Produktionen wie ›Kommissarin Lund‹ und ›Borgen – Gefährliche Seilschaften‹. Zu den renommiertesten **Buchautoren** Dänemarks zählt seit vielen Jahren *Peter Høeg*. Sein Roman ›Fräulein Smillas Gespür für Schnee‹, der im verschneiten Kopenhagen spielt, avancierte zum internationalen Bestseller. Zu den derzeit bestverkauften skandinavischen Krimiautoren gehört der Däne *Jussi Adler-Olsen* mit seinen Erfolgstiteln ›Erbarmen‹, ›Schändung‹ und ›Erlösung‹.

8 Tipps
für cleveres Reisen

Dinner mit Dänen

1 ›Meet the Danes‹ ist ein wirklich hilfreiches Angebot, besonders für Alleinreisende in Kopenhagen, die für ein paar Stunden das Leben in einer dänischen Familie kennenlernen möchten. Man meldet sich in der Regel online spätestens eine Woche vor dem Termin an, um dann bei einem traditionellen dänischen Abendessen mit sehr netten Einheimischen zu plaudern (in der Regel auf Englisch oder Deutsch). Erwachsene zahlen DKK 450, Kinder unter 10 Jahren gar nichts. *www.meetthedanes.dk*

Kultur zum halben Preis

2 In Kopenhagen kann man so gut wie jedes kulturelle Ereignis bequem online buchen, allerdings immer nur zum vollen Preis. Ab 12 Uhr mittags gibt's im ›Tivoli Billetcenter‹ aber nicht nur Veranstaltungen in der Konzerthalle des Tivoli zum halben Preis (inklusive freiem Eintritt in den Vergnügungspark), sondern über ›BilletNet‹ kann man auch Halbpreistickets für fast alle Konzert- und Theaterveranstaltungen erwerben, die an diesem Tag stattfinden. *www.tivoli.dk/da/praktisk/kontakt/billetcenter*

Ein Bett auf dem Wasser

3 Ferienhausurlaub in Dänemark ist ein Hit: von der einfachen Hütte am Strand bis zum luxuriösen Domizil. Aber wirklich einzigartig sind die geradezu futuristisch anmutenden und allen Komfort bietenden neun Hausboote, die im Hafen der Stadt Bork Havn am Ringkøbing Fjord (→ S.98) vor Anker liegen und gemietet werden können: Wohnküche, Sauna, Whirlpool und Aussichtsterrasse inklusive. *www.fejo.dk/de/info/hausboote-bork-havn*

4 Luxus-Camping für Insider

Camping mit Glamour heißt der neueste dänische Urlaubstrend. Man schläft in großzügig ausgestatteten Safarizelten oder luxuriösen Wohnmobilen. So bietet ›Dancamps‹ wenige Schritte vom Nordseestrand südlich von Hvide Sande (→ S.98) auf der Landenge Holmsland Klit in herrlicher Dünenlandschaft naturnahen Komfort. Im angeschlossenen Badeland sorgen Whirlpool, Dampfbad, Sauna und Wasserrutsche dafür, dass schlechtes Wetter kein Thema ist. *www.nordsoe-camping.dk*

5 Fettnäpfchen am Strand

Was auf deutschen Nordseeinseln liebevoll gepflegter Brauch, ist in Dänemark absolut verpönt: Strandburgen bauen! Das gilt beim egalitär gesinnten nördlichen Nachbarn als unerwünschtes Revierverhalten. Toppen kann man den Fauxpas nur noch, wenn man ein deutsches Fähnlein auf die Burgspitze steckt, denn das Hissen fremder Flaggen ist in Dänemark sogar gesetzlich verboten.

6 Umweltfreundlich unterwegs

Die Website von ›Rejseplanen‹ macht den Verzicht auf den eigenen Pkw in Dänemark so leicht wie möglich. Man kann hier landesweit (auch auf Deutsch) jede erdenkliche Verbindung mit öffentlichen Verkehrsmitteln abfragen, erhält stets die sinnvollste und günstigste Reiseoption, erfährt, ob man ein Fahrrad mitnehmen kann, was es kostet und sogar, wie hoch die Einsparung an CO_2-Emissionen gegenüber einer Fahrt mit dem Pkw ist. *www.rejseplanen.dk*

7 Von der Sonne geküsst

Im Sommer herrscht in Dänemark oft bestes Urlaubswetter und die Sonne strahlt genauso häufig vom Himmel, wie in Süddeutschland (→ S.131). Wegen der kühlen Brise an den Küsten unterschätzen Touristen jedoch oft ihre Kraft. Eine Sonnenbrille und ein Sonnenhut gehören auf jeden Fall ins Urlaubsgepäck. Wenn Sie einen hellen, lichtempfindlichen Hauttyp haben, sollten Sie zudem an Sonnencreme mit einem ausreichend hohen Lichtschutzfaktor denken!

8 Gourmetfund im Schlamm

Warum geht man in Dänemark in den kühlen Monaten (zwischen Herbstferien und April) mit Messer und Zitrone ins Watt? Ganz einfach, weil dort bei Ebbe jede Menge leckere (und in diesen Monaten nicht durch giftige Algen oder Bakterien belastete) Austern herumliegen, die darauf warten, geknackt und ausgeschlürft zu werden. Frischer geht's nicht, und man vollbringt damit sogar eine gute Tat. Es sind nämlich eingeschleppte Pazifikaustern, die heimische Muscheln bedrohen.

8 Tipps
für die ganze Familie

1 Strandsegeln auf Rømø

Erfunden wurde das dreirädrige ›Blokart‹ mit handgelenktem Segel zwar in Neuseeland, aber an Europas breitestem Strand, dem Sønderstrand der Insel Rømø (→ S.90), sind die superleichten Strandsegler ein echter Hit für Kids, denn sie sind wirklich kinderleicht zu handhaben – und Wind bläst eigentlich fast immer. Das Mindestalter für Kinder ist 7 Jahre, Knirpse dürfen im Zweisitzer mitfahren. *Windriders, Havnebyvej 60, Kongsmark, Rømø, Tel. 22 34 13 85, www.windriders.dk*

2 Technik zum Anfassen

Mal wie Pippi Langstrumpf ein Auto stemmen? Die Hebeltechnik im ›Universe‹, einem Erlebnispark in Nordborg auf der Insel Als, macht es möglich. Wissbegierige Sprösslinge können hier viele Wunder der Technik erleben, im ›Blauen Kubus‹ erfahren sie hautnah die Kräfte der Natur, von der Gletscherspalte bis zum Geysir oder feuerspeienden Vulkan. *Mads Patent Vej 1, 6430 Nordborg, Tel. 74 88 74 88, www.universe.dk. 5. April–17. Okt. tgl. 10–16, 17 oder 18 Uhr (an bestimmten Schultagen nur für Gruppen). Erwachsene DKK 195, Kinder DKK 180.*

3 Wickies Drachenboote

Wie sind sie wirklich übers Meer gefahren, Wickie und die starken Männer? Im ›Vikingeskibsmuseet Roskilde‹ (→ S.39) präsentiert man die Geschichte der kühnen Nordmänner besonders kindgerecht, und in der Bootshalle sind fünf rekonstruierte ›Skuldelev-Schiffe‹ ausgestellt. Zwischen Mai und September dürfen Kinder sogar bei historischen Segeltörns mitfahren. *Vindeboder 12, 4000 Roskilde, Tel. 46 30 02 00, www.vikingeskibsmuseet.dk. Tgl. 10–17 Uhr, Erwachsene DKK 115, Kinder bis 17 Jahre frei.*

4 Nostalgische Loopings

Im traditionsreichen ›Volkspark Bakken‹ werden die rasanten Fahrten auf der ältesten Achterbahn der Welt noch von Hand gebremst, ganz nach den Wünschen der Fahrgäste, und auch sonst sorgen die nostalgischen Karussells, Buden, eine Schwanenbahn und Zaubervorstellungen für viel dänische ›Hygge‹ (Gemütlichkeit). *Dyrehavevej 62, 2930 Klampenborg, Tel. 39 63 35 44, www.bakken.dk. April–Aug. tgl. 12–24 Uhr. Erw. und Kinder DKK 249.*

5 Paradies der Plastikbausteine

Legoland (→ S.86), Skandinaviens bester Freizeitpark, präsentiert nicht nur berühmte Bauwerke aus aller Welt im Maßstab 1:20, die Atlantis-Unterwasserwelt hat sogar echte Haie und Legotaucher zu bieten. In der Westernstadt wird Gold gewaschen, außerdem gibt es 50 Fahrgeschäfte. Für die Kleinsten ist das Duploland gedacht. *Nordmarksvej 9, 7190 Billund, Tel. 75 33 13 33, www.legoland.dk. Wechselnde Öffnungszeiten, siehe Webseite. Erwachsene DKK 299, Kinder (3–12 Jahre) DKK 279 (online günstiger).*

6 Zeitreise ins Mittelalter

Das ›Middelaldercentret‹ auf Falster (→ S.50) bietet Mittelalter hautnah und wissenschaftlich so präzise wie möglich. Hier kämpfen Ritter bei Turnieren und führen Handwerker alte Künste vor. Natürlich wird hier auch geschmaust wie im Mittelalter. Ganz neu ist der Technologiepark, der Erfindungen des Mittelalters präsentiert. *Ved Hamborgskoven 2, 4800 Nykøbing Falster, Tel. 54 86 19 34, www.middelaldercentret.dk. Juli–Mitte Aug. tgl. 10–17, sonst bis 16 Uhr (Mai, Sept. Mo geschl.) Erwachsene DKK 110–125, Kinder (3–11 Jahre) DKK 55–65.*

7 Märchenwelten in Odense

Das Geburtshaus von Hans Christian Andersen in Odense (→ S.66) ist heute Teil eines großen Museums. Im Sommer zeigt eine Open-Air-Bühne, die H. C. Andersen Parade, Märchen quasi im Schnelldurchlauf. Wesentlich tiefer in Andersens Märchenwelten tauchen Kinder im für sie entworfenen ›Fyrtøjet‹ nebenan ein – gewandet in Kostümen aus einem großen Fundus. *Hans Jensens Stræde 21, 5000 Odense, Tel. 66 14 44 11, www.fyrtoejet.com, Fr–So 10–16, in den Schulferien tgl. 10–17 Uhr. Eintritt DKK 85, unter 18 J. frei.*

8 Kopenhagen für Skater

Rampen, Rails und Halfpipes: Der erst 2012 eröffnete ›Copenhagen Skatepark‹ im Fælledparken ist eine der besten und mit 4500 Quadratmetern Fläche auch größten Skateranlagen Nordeuropas. Wer noch nicht so fit auf dem Brett ist, besucht die Skateschule am Donnerstag. *Enghavevej 80, 2450 Kopenhagen, Tel. 33 21 28 28, www.copenhagenskatepark.dk. Mo, Fr 19–23, Di–Do 14–21, Sa/So 12–19 Uhr. Eintritt DKK 50.*

Egeskov Slot aus dem 16. Jh. zählt zu den schönsten Wasserschlössern Europas

Unterwegs

Seeland und südliche Inseln – vom weltoffenen Kopenhagen zu weißen Kreidefelsen

Mit 7026 km² ist *Sjælland* (Seeland) Dänemarks größte Insel. Die Landschaft ist flach, als höchste Erhebung ragt der **Gyldenløves Høj** 126 m auf. An der Ostküste Seelands liegt **Kopenhagen**, die Hauptstadt Dänemarks. Ihr maritimes Flair verdankt sie dem Seehafen und der Lage direkt am Øresund. Zu Kopenhagens Beliebtheit tragen außerdem zahlreiche Museen, historische Gebäude, prunkvolle Schlösser, schicke Geschäfte und weitläufige Parks bei. Von Kopenhagen aus ist es nicht weit bis zu Seelands anderen Attraktionen: den feinen Sandstränden der **Køge-Bucht**, dem charmanten Fachwerkstädtchen **Køge** oder der alten Wikingerstadt **Roskilde**. Nicht einmal 50 km sind es bis **Helsingør**, wo laut Shakespeare einst Hamlet nach Sein oder Nicht-Sein fragte. In Seelands Norden sind die prächtigen Schlösser wie **Frederiksborg Slot** als Ausflugsziele ebenso beliebt wie die moderne Kunstausstellung im Museum Louisiana oder die schönen Strände um **Gilleleje**.

1 Kopenhagen

Traditionsreiche Hauptstadt und lebensfrohe Metropole des Königreichs.

Besonders groß ist Kopenhagen nicht, im engeren Stadtbezirk leben rund 560 000 Einwohner, der Großraum umfasst knapp 1,8 Mio. Menschen. Die Stadt liegt am **Øresund**, der schmalen Meerenge, die Dänemark von Schweden trennt. Die wirtschaftlich dynamisch wachsende **Øresundregion** hat beiderseits der Grenzen sogar 3,7 Mio. Einwohner und 170 000 Betriebe. Am lang gestreckten Hafen legen die großen Fähren aus Stockholm oder Bornholm neben Kreuzfahrtschiffen aus aller Welt an. Schicke Neubauten und restaurierte Lagerhallen beiderseits des breiten Hafenkanals haben das frühere Gewerbequartier wieder in die Stadt integriert. Aus der historischen Innenstadt führen breite Boulevards in die Außenbezirke. Sie liegen bereits jenseits der **Søerne**, wie die drei Seen *Sankt Jørgens Sø*, *Peblinge Sø* und *Sortedams Sø*

Nordische Backsteinarchitektur prägt den Radhuspladsen, Kopenhagens zentralen Platz

genannt werden, die im Halbkreis das Zentrum begrenzen.

Im Herzen von Kopenhagen liegen die Sehenswürdigkeiten nahe beieinander: der märchenhafte Vergnügungspark **Tivoli**, Schloss **Amalienborg**, die Residenz von Königin Margrethe II., und die Statue der **Kleinen Meerjungfrau**, das bekannteste Wahrzeichen der Stadt. Sobald sich ein Sonnenstrahl zeigt, stellen Caféhausbesitzer im Freien Tische und Stühle für ihre Gäste auf und im Handumdrehen entsteht eine heitere, fast südländische Atmosphäre. Die **Universitätsstadt** Kopenhagen wirkt anregend und entspannend zugleich. Königliches Theater und Ballettensemble, Jazzkeller und Rockkonzerte unter freiem Himmel oder alternative Stadtteilkultur in Christiania bilden keine Gegensätze, sondern üben sich in friedlicher Koexistenz.

Geschichte Absalon (1128–1201), der streitbare Bischof und Ziehbruder von König Valdemar I., befestigte 1167 das Dörfchen Hafnia am Øresund zur Abwehr wendischer Piraten. Auf der späteren Insel Slotsholmen ließ er zu diesem Zweck die **Burg Havn** errichten, um die bald eine Siedlung mit Namen *Købmandenes Havn*, ›Kaufmannshafen‹, entstand. Das spätere **København** wurde 1416 zur Hauptstadt des Königreichs Dänemark. König Christian IV. (1588–1648) ließ einen Großteil der markanten Gebäude errichten, die noch heute das Bild der Stadt prägen, wie den Runden Turm, die alte Börse und das Schloss von Rosenborg.

Im 17. Jh. wurde Dänemarks Hauptstadt mehrfach von schwedischen Truppen belagert, im folgenden Jahrhundert von Seuchen und Feuersbrünsten heimgesucht, während der Napoleonischen Kriege (1803–14) zweimal von britischen Truppen angegriffen und schließlich während des Zweiten Weltkriegs von der deutschen Wehrmacht besetzt. Die alten Verteidigungsanlagen mit Wällen und Gräben wurden nach und nach zu innerstädtischen **Parks** und **Seen** umgewandelt. Zu ihnen gehören Tivoli, Ørsteds Parken, Botanischer Garten, Østre Anlæg und Churchillparken beim alten Kastell.

An alte Zeiten erinnern auch die Soldaten der **Ehrengarde**, die jeden Tag um die Mittagszeit mit Bärenfellmützen und in leuchtend blauen oder roten Uniformen zur Wachablösung vor dem Schloss Amalienborg quer durch die Innenstadt marschieren. An die Vergangenheit

Antike meets Jugendstil: römische Statuen in der Ny Carlsberg Glyptotek

knüpft in gewisser Weise auch die Biennale **Kulturbro**, die jeden Herbst gefeiert wird. Das Fest trägt den Namen ›Kulturbrücke‹ zur Erinnerung an die Einweihung der Øresundbrücke zwischen dem dänischen Kopenhagen und dem schwedischen Malmö im Juli 2000.

Vom Rathaus zur Schlossinsel

Der zentrale **Rådhuspladsen** ❶, der Rathausplatz inmitten von Kopenhagens mittelalterlicher Altstadt, ist ein guter Ausgangspunkt für die Stadterkundung. Rings um das geräumige Geviert liegen die interessantesten Sehenswürdigkeiten der nordischen Metropole.

Das mächtige, 1892–1905 in einem Stilmix von nordischer Romantik und italienischer Renaissance aus Klinker errichtete **Rådhus** ❷ (Rådhuspladsen, Mo–Fr 8.30 bis 16.30, Sa 10–13 Uhr) begrenzt den weiten, verkehrsberuhigten Platz im Süden. Von seinem 106 m hohen *Turm*, zu dessen Spitze 300 Stufen führen, bietet sich eine wunderbare Aussicht über die Stadt. Über dem Hauptportal des Rathauses fällt auf einem Gebäudevorsprung die vergoldete *Statue* des Stadtgründers Absalon auf. Ansonsten zieren die *Fassade* Reliefs, das *Innere* Wandgemälde zu Kopenhagens Geschichte und zur nordischen Mythologie. Anziehungspunkt im Rathausfoyer ist die *Weltuhr* von Jens Olsen. Er baute 27 Jahre an der komplizierten Mechanik, sein Meisterwerk wurde jedoch erst 1955, 10 Jahre nach seinem Tod, fertiggestellt. Zwei bronzene **Lurenbläser** stehen seit 1914 am nordöstlichen Ende des Rathausplatzes auf einer Säule. Außerdem findet sich auf dem Platz eine **Bronzestatue** des berühmten Dichters *Hans Christian Andersen* [s. S. 69], der als 14-Jähriger aus Odense in die Hauptstadt Kopenhagen gezogen war.

Nur einige Dutzend Meter die Straße Vester Voldgade Richtung Südosten hinunter und über den Dantes Plads, dann hat man die 1906 geschaffene **Ny Carlsberg Glyptotek** ❸ (Dantes Plads 7, Tel. 33 41 81 41, www.glyptoteket.dk, Di–So 11–17 Uhr) erreicht. Der von Vilhelm Dahlerup entworfene Kuppelbau beherbergt exzellente Sammlungen ägyptischer, griechischer, etruskischer und römischer Kunst, darunter meisterhafte italische Porträtstatuen vom 1. Jh. v. Chr. bis zum 5. Jh. n. Chr. Daneben gibt es französische Malerei sowie Plastiken der Impressionisten und Postimpressionisten zu sehen, darunter Arbeiten von Monet, Degas, Gauguin, van Gogh und Rodin. Bilder von Eckersberg, Juel oder Købke stehen für die Kunst der nationalromantischen Epoche, des *Goldenen Zeitalters* Dänemarks in der ersten Hälfte des 19. Jh. Die Glyptothek wird von einer Stiftung getragen, die von jeder verkauften Flasche Carlsberg-Bier einen Obolus erhält.

Zwischen der Vester Voldgade und dem Frederiksholmskanal erstrecken sich das ausgedehnte, kolonnadengesäumte

Nationalmuseet ❹ (Ny Vestergade 10, Tel. 33 13 44 11, http://natmus.dk, Di–So 10–17 Uhr), das ehemalige Kronprinzenpalais sowie weitere Museumsgebäude in einem parkähnlichen Gelände. Zur umfangreichen kulturgeschichtlichen Sammlung des Nationalmuseums gehören Exponate von der Vor- und Frühgeschichte bis zur Gegenwart. Darunter finden sich so bekannte Fundstücke wie der mehr als 3000 Jahre alte *Sonnenwagen* von Trundholm oder ein 1000 Jahre alter *Runenstein* der Wikinger aus Tryggevælde. Im *Børnenes Museum*, einer Ausstellung eigens für Kinder (ca. 4–12 Jahre), können junge Besucher in einem ›Zeittunnel‹ ein Klassenzimmer zu Anfang des 20. Jhs. kennenlernen, die exakte Nachbildung eines Wikingerschiffes aus dem 10. Jh. erkunden oder historische Kleidungsstücke anprobieren.

Reliefs mit Porträts und Szenen aus der griechischen Mythologie schmücken die 1745 fertiggestellte **Marmorbroen** ❺, die Marmorbrücke, die über den Frederikskanal nach **Slotsholmen** ❻ führt. Seit 1417 wird Dänemark von dieser *Schlossinsel* bzw. dem vierflügeligen **Christiansborg Slot** ❼ (Christiansborg Slotplads, Tel. 33 92 64 92, www.christiansborgslot.dk, königliche Empfangsräume und die Ruinen unter dem Schloss Okt.–Apr. Di–So 10–17, Mai–Sept. tgl. 10–17 Uhr) aus regiert. Das Schloss beherbergt die drei Staatsgewalten des Landes – Legislative, Judikative und Exekutive. Das wuchtige, von dunklem Bornholmer Granit verkleidete Schloss mit einem 90 m hohen, kupfergedeckten Turm ist schon der sechste Nachfolgebau seit Absalons Burggründung im Jahr 1167. Heute tagt in dem 1907–28 nach Entwürfen des Architekten Thorvald Jørgensen errichteten Palast das dänische Parlament, das 179-köpfige *Folketing*. Im dahinterliegenden Anbau ist das **Teatermuseet** ❽ (Christiansborg Ridebane 18, Tel. 33 11 51 76, www.teatermuseet.dk, Di–Do 11–15, Sa/So 13–16 Uhr) untergebracht. Im alten königlichen Theatersaal erhält man anhand von Kostümen und Bildern alter Inszenierungen, Plakaten und Fotografien einen Einblick in die Geschichte der dänischen Bühnenkunst.

Ein weiterer Glanzpunkt ist das sich nördlich an den Schlosskomplex anschließende **Thorvaldsens Museum** ❾ (Bertel Thorvaldsens Plads 2, Tel. 33 32 15 32, www.thorvaldsensmuseum.dk, Di–So 10–17 Uhr). In ihm sind ›Amor und die drei Grazien‹ und weitere der eindrucksvollen antikisierenden Marmorstatuen von Bertel Thorvaldsen (1770–1844) ausgestellt, der in Rom zu einem der bekanntesten Bildhauer seiner Zeit avanciert war. Der 1839–48 im klassizistischen Stil errichtete Bau ist zugleich Museum und Mausoleum des Künstlers.

In früheren Wirtschaftsgebäuden südlich von Schloss Christiansborg ist u.a. das **Tøjhusmuseet** ❿ (Tøjhusgade 3, Tel. 33 11 60 37, www.thm.dk, Di–So 11–17 Uhr) untergebracht, in dem Waffen, Uniformen und Flaggen von 1400 bis heute ausgestellt sind. Gleich daneben liegt **Det Kongelige Bibliotek** ⓫ (Søren Kirkegaards Plads 1, Tel. 33 47 47 47, www.kb.dk, Juli, Aug. Mo–Sa 8–21, Sept.–Juni Mo–Sa

Altnordische Weltsicht im Nationalmuseet: Sonnenwagen von Trundholm (12./11. Jh. v. Chr.)

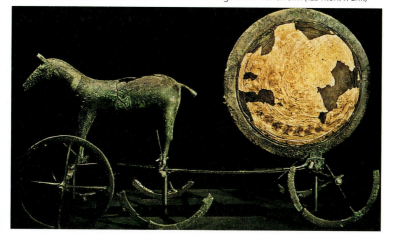

Kopenhagen

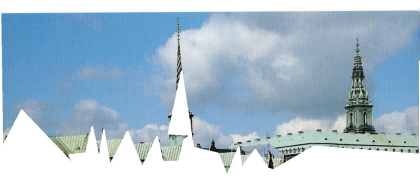

Markenzeichen der Børsen ist die gedrehte Turmspitze über vielgliedriger Barockfassade

8–19 Uhr) in einer bezaubernden Gartenanlage. Seit ihrer Gründung Mitte des 17. Jh. durch Frederik III. wurden hier mehr als 4 Mio. Bücher und Folianten zusammengetragen. Im spektakulären Annex *Den Sorte Diamant* mit seinen 24 m hohen, schrägen Wänden aus poliertem schwarzen Granit finden Wechselausstellungen statt. Hier hat das *Nationale Fotomuseum* (Mo–Sa 10–19 Uhr) seinen Sitz. Das Königliche Bootshaus, gelegen im Park der Bibliothek, beherbergt mit dem

Im Modell zeigt das Orlogsmuseet Segelschiffe, die einst die Weltmeere befuhren

Dansk Jødisk Museum ⑫ (Tel. 33 11 22 18, www.jewmus.dk, Juni–Aug. Di–So 10–17, Nov.–Mai Di–Fr 13–16, Sa/So 12–17 Uhr) die jüdische Geschichte der Stadt. Das Innere des Museums gestaltete der renommierte Architekt Daniel Libeskind.

Am Kanal zieht ein schlanker Turm die Blicke auf sich, dessen spitz zulaufendes Dach aus vier kupfernen, sich umeinander drehenden Drachenschwänzen besteht. Ob dies ein Sinnbild für das Treiben in der darunterliegenden alten **Børsen** ⑬ darstellen soll, ist nicht bekannt. Mit dem eigenwilligen Dach erhielt die 1619–40 im Stil holländischer Renaissancearchitektur errichtete Börse jedenfalls eine ganz besondere Note. Der Handel mit Wertpapieren ist längst an den Nikolaj Plads 8 umgezogen, doch im Foyer der Børsen dokumentieren Wand- und Bodenmosaike die einstige Entwicklung der Geschäfte.

Auf der Brücke Holmenbro gelangt man über den Kanal um Slotsholmen nach Nordosten zur **Holmens Kirke** ⑭ (Holmens Kanal 21, www.holmenskirke.dk, Mo, Mi, Fr, Sa 10–16, Di, Do 10–15.30, So 12–16 Uhr). Die ursprüngliche Ankerschmiede an gleicher Stelle wurde 1619 auf Befehl von König Christian IV. zur Marinekirche umgestaltet. 1641–43 wurden Chor und Seitenschiffe, 1705 die Kapelle mit zwei von der Decke hängenden Schiffsmodellen hinzugefügt. Ein Messinggitter trennt Chor und Hauptschiff mit seiner hoch aufragenden Kanzel aus dänischer Eiche, die wie der Altar aus der zweiten Hälfte des 17. Jh. stammt.

Christianshavn

Gegenüber von Slotsholmen ließ Christian IV. im Jahr 1618 auf der Insel *Amager* einen Hafen mit rechtwinklig verlaufenden Kanälen und Straßen anlegen, der seinen Namen trug. Heute wechseln sich in dem beliebten Stadtteil zwischen den alten Schanzen des Stadtwalls und dem Hafenkanal noble Patrizierdomizile mit Fachwerkhäusern und dekorativen Höfen ab, verführen kleine Geschäfte zu einem Bummel durch die malerischen Gassen, laden nette Lokale und Cafés zum Verweilen ein.

Ein altes Speicherhaus am Inderhavn fungiert heute als Dansk Arkitektur Center, kurz **DAC** ❶❺ (Strandgade 27 b, Tel. 32 57 19 30, www.dac.dk, Mo–Fr 10–18, Sa–So 10–17, Mi bis 21 Uhr), mit sehenswerten Ausstellungen und einem Café, von dem man einen schönen Blick auf die Stadtsilhouette am gegenüberliegenden Kanalufer hat. Seekarten, Schiffsmodelle und Uniformen illustrieren im **Orlogsmuseet** ❶❻ (Overgaden oven Vandet 58, www.orlogsmuseet.dk, Di–So 12–16 Uhr) am nahen Christianshavns Kanal die Geschichte der Königlichen Kriegsmarine vom 17.–20. Jh.

Der großartige, kreuzförmige Backsteinbau der Ende des 17. Jh. fertiggestellten **Vor Frelsers Kirke** ❶❼ (Sankt Annæ Gade 29, Tel. 32 54 68 83, www.vorfrelserskirke.dk, tgl. 10–16 Uhr, Turm

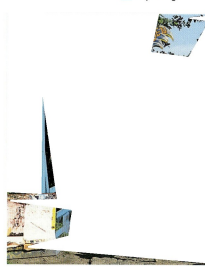

Hinter dem Tor zur Freistadt Christiania beginnt eine andere Welt

Mo–Sa 10–16, So, Fei 10.30–16 Uhr) ist im gesamten Stadtgebiet zu sehen. Erst 1752 kam die grün patinierte, kupferne Turmspitze hinzu, bekrönt von der auf einem Goldglobus stehenden Christusfigur. Um das obere Drittel des Turms windet sich außen eine Wendeltreppe zu einer 87 m hoch gelegenen Aussichtsplattform hinauf, von der aus man einen wunderbaren Rundblick über Kopenhagen genießt. Im Inneren der Erlöserkirche ist der vom Stockholmer Baumeister Nicodemus Tessin 1695 entworfene Hochaltar ebenso sehenswert wie die von zwei Stuckelefanten getragene Orgelempore und der Orgelprospekt, die der sächsische Bildhauer Christian Nerger 1698 schnitzte.

Die zweite Kirche des Stadtteils, die **Christians Kirke** ❶❽ (Strandgade 1, www.christianskirke.com, Di–Fr 10–16 Uhr), ist schlichter gestaltet. Ihr Architekt Nicolai Eigtved hat auch Amalienborg und das erste Königliche Theater entworfen. Im Inneren der mit Sandstein verzierten Backsteinkonstruktion von 1759 fällt die dreistöckige Empore auf, deren Bauteile wie Theaterlogen schräg übereinander angelegt sind. Auch Altar, Kanzel und Orgel sind übereinander angebracht.

Im Osten der Insel Amager umgeben Prinsessegade, Bådmandsstræde und der Wall der früheren *Ulriks Bastion* die 34 ha umfassende **Fristaden Christiania** ❶❾ (www.christiania.org, Anmeldung für Führungen: Tel. 32 57 96 70, www.rundvisergruppen.dk). In den fantasievoll gestal-

Für Schwindelfreie: die himmelwärts strebende Wendeltreppe der Vor Frelsers Kirke

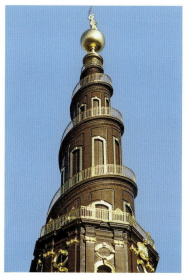

teten Bauten leben seit 1971 knapp 1000 *Christianitter*. Damals okkupierten Hausbesetzer, sog. *Slumstormers*, dem Verfall anheim gegebene ehem. Kasernen auf dem Areal und probten basisdemokratisches Miteinander. Die farbig bemalten Häuser aus allerlei Baustoffen von Holz über Stein bis Flaschenglas, Bauwagen, Cafés und eine lebendige Kulturszene machten bislang einen Spaziergang durch die Alternativsiedlung zu einem kurzweiligen Vergnügen. Nach langen Auseinandersetzungen führt nun eine durch ›Volksaktien‹ finanzierte Stiftung Christiania. Sie soll deren Status als ›öffentliches Kulturgut‹ sichern. Es besteht nun die Gefahr, dass der besondere Charme dieses Viertels verloren geht. Etwas weiter im Norden, auf der Insel Holmen, thront das markante **Operahus** [20] (Ekvipagemestervej 10, www.kglteater.dk, Führungen tgl. 9.30, 10, 16.30/17 Uhr, Buchung über die Webseite) mit seinem 90 m breiten Vordach weithin sichtbar über dem Hafen. Die Baukosten von 335 Mio. € brachte die Stiftung der Reederfamilie Møller auf, der mit dem Maersk-Konzern eines der größten Unternehmen Dänemarks gehört.

Beiderseits des Strøget

Irgendwann landet hier jeder auf dem Strich. In Kopenhagen versteht man unter der Bezeichnung **Strøget** allerdings die etwa 1800 m lange, zentrale Einkaufsstraße der Stadt. Sie besteht eigentlich aus insgesamt fünf, eher schmalen Straßen und Plätzen, der *Frederiksberggade*, *Nygade*, *Vimmelskaftet*, dem *Amagertorv* und der *Østergade*. Die belebte Fußgängerzone mit Abzweigungen nach rechts und links säumen Cafés, Restaurants und Geschäfte aller Art und jedes Preisniveaus.

Am **Nytorv** [21], einem Platz am *Strøget* mit Häuserfassaden aus dem 19. Jh., steht u.a. das *Amtsgericht*, über dessen Säulenportal die Worte *Med Lov Skal Man Land Bygge* (Mit Gesetz soll man das Land errichten) eingemeißelt sind. Im Haus gegenüber ist eine Filiale der Danske Bank eingerichtet, doch verrät eine Plakette an der Fassade, dass hier der in Kopenhagen geborene Philosoph *Søren Kierkegaard* (1813–1855) mehrere Jahre wohnte.

Nördlich vom *Strøget* beginnt das *Latinerkvarter* rund um die alte Universität, ein munteres Viertel voll historischer Gebäude und alternativer Läden. Die dortige **Vor Frue Kirke** [22] (Nørregade 8, www.koebenhavnsdomkirke.dk, tgl. 8–17 Uhr) wird auch als Kopenhagener Dom bezeichnet. Sie entstand 1811–29 in neoklassizistischem Stil über Resten ihrer fünf Vorgängerbauten. Der Bildhauer Bertel Thorvaldsen schuf die Johannesgruppe am tempelähnlichen Frontgiebel sowie die Christusfigur und die Zwölf Apostel im Altarbereich des in schlichtem Weiß gehaltenen Innenraumes.

In direkter Nachbarschaft erinnern am Frue Plads vor dem aus dem 19. Jh. stammenden Hauptgebäude der **Universitet** [23] Porträtbüsten an berühmte Absolventen und Lehrer der Hochschule, wie den Physiker und Nobelpreisträger Niels Hendrik David Bohr (1885–1962). Im Inne-

Das Operahus des dänischen Architekten Henning Larsen setzt einen kühnen Akzent am Hafen

Plan hintere Umschlagklappe 　　　　　　　　　　　　　1 Kopenhagen

Kopenhagens propere Fußgängerzone Strøget lädt zum Bummeln und Verweilen ein

ren der bereits 1479 gegründeten Universität beeindruckt die mit Fresken und Malereien zur dänischen Geschichte dekorierte *Vorhalle*. Darüber befindet sich der *Gobelinsaal* mit sieben flämischen Wandteppichen aus der Zeit um 1660 mit biblischen Darstellungen.

Zurück auf dem Strøget lohnt am brunnengeschmückten **Amagertorv** 24 im Haus Nr. 9 ein Stopp im Ladenkomplex von **Royal Scandinavia**. Dort finden Freunde des dänischen Designs Geschäfte wie Illums Bolighus für Möbel, Georg Jensen für Silber oder Royal Copenhagen für Porzellan und Glas.

Die **Helligånds Kirke** 25 (Amagertorv, Mo–Fr 12–16 Uhr) war vor der Reformation als Kirche zum Heiligen Geist Teil eines katholischen Klosters, ab 1537 aber protestantische Gemeindekirche. Das Sandsteinportal der Fassade stammt aus dem Jahr 1620. Das Innere des Gotteshauses brannte 1728 aus, wurde anschließend barock erneuert und Ende des 19. Jhs. im Stil der Neorenaissance überbaut.

Wo der Amagertorv in die Østergade übergeht, erweitert sich der Strøget nach Süden zum lang gestreckten **Højbro Plads** 26. Ein 1901 von Vilhelm Bissen geschaffenes Reiterstandbild zeigt Bischof Absalon als streitbaren Krieger. An diesem Platz endet auch die vom Rathausplatz kommende *Strædet*, eine an Boutiquen und Antiquitätenläden reiche Einkaufszeile aus den drei Straßen Farverg-, Læder- und Kompagnistræde.

Mit der **Købmagergade** 27 zieht sich eine weitere Fußgängerzone mit diversen Geschäften vom Højbro Plads nach Norden. Es lohnt sich, auch die schmalen Nebenstraßen entlangzuschlendern, etwa die *Fiolstræde* mit ihren Buchantiquariaten oder den *Gråbrødretorv* mit zahlreichen Cafés und Restaurants.

1 Kopenhagen

Ein beliebtes Freizeitvergnügen ist das Flanieren entlang des malerischen Nyhavn

Ein beliebter Aussichtspunkt ist der 35 m hohe **Rundetårn** ㉘ (Købmagergade 52 A, www.rundetaarn.dk, Ende Mai bis Sept. tgl. 10–20 Uhr, sonst tgl. 10–18 Uhr) mit einem Durchmesser von 15 m. Er wurde 1642 als Observatorium der Universität errichtet und diente gleichzeitig als Turm der benachbarten Trinitatiskirche. Keine Treppe, sondern ein 209 m langer, gut 7 m breiter, gepflasterter *Wendelgang* führt zur Spitze hinauf. Zar Peter I. soll 1716 gar mit einer vierspännigen Kutsche die Spirale hinaufgejagt sein, um einer jungen Kopenhagenerin zu imponieren.

Setzt man den Weg auf dem Strøget fort, öffnet sich rechter Hand bald der **Nikolaj Plads** ㉙. Die namengebende *Nikolaj Kirke* wurde schon im 13. Jh. gegründet, aber 1795 durch eine Feuersbrunst fast völlig zerstört. Erst zu Beginn des 20. Jh. baute man den Glockenturm wieder auf, der auf einem viereckigen Backsteinsockel einen spitz zulaufenden, ringsum mit patiniertem Kupfer beschlagenen runden Aufsatz trägt. Eine daneben neu errichtete Halle dient heute ebenso wie der Vorplatz für Ausstellungen und Konzerte.

Aus 35 m Höhe überblickt man von der Spitze des Rundetårn die Dächer der Stadt

Zwischen Kongens Nytorv und Kleiner Meerjungfrau

König Christian V. reitet als römischer Imperator hoch zu Ross – dieses herrschaftliche Denkmal steht im Zentrum einer ovalen Grünanlage auf dem um 1680 angelegten **Kongens Nytorv** ㉚. Zwölf Straßen führen auf diesem größten Platz der Stadt zusammen und jedes Jahr im Juni treffen sich hier nach erfolgreichem Examen unzählige Studenten zu einer feuchtfröhlichen Feier. Um den *Königlichen Neuen Markt* verdient eine Reihe markanter Gebäude Erwähnung, vor allem das im Stil der Neorenaissance 1872–74 erbaute **Kongelige Teater** ㉛ (www.kglteater.dk), auf dessen zwei Bühnen Theaterstücke, Opern und Ballett aufgeführt werden. Seinen Eingang flankieren Statuen des romantischen Nationaldichters Adam Gottlob Oehlenschläger (1779–1850), der den Text der dänischen Nationalhymne verfasste, und des Dramatikers Ludvig Holberg (1684–1754), der zahlreiche Komödien schuf.

Das benachbarte **Charlottenborg Slot** ㉜, ein in den Jahren 1672–83 entstandener Barockbau, beherbergt seit 1754 die Dänische Akademie der Künste. **Thotts Palais** ㉝, 1685 im Baustil des niederländischen Palladianismus mit korinthischen Säulenkapitellen errichtet, dient seit

 *Plan hintere Umschlagklappe*

1 Kopenhagen

mehr als 80 Jahren als Sitz der französischen Botschaft. In einem Palais aus dem 17. Jh. am Kongens Nytorv sind außerdem das vornehme *Hotel d'Angleterre* untergebracht, ebenso das *Magasin du Nord*, das älteste und wohl bekannteste Kaufhaus Skandinaviens.

An der Südostseite des Kongens Nytorv legen Ausflugsschiffe zu Kanal- und Hafenrundfahrten ab. Sie fahren durch den kurzen, doch viel besuchten Kanal **Nyhavn** ㉞, der hier beginnt und zum Inderhavn, dem ›Inneren Hafen‹ führt. An dem von malerischen Giebelhäusern und einstigen Speichern gesäumten Kai des Kanals liegen stets zahlreiche Schiffe, ältere Segler ebenso wie moderne Freizeitboote. In den Nebenstraßen ringsum treffen sich, vor allem bei sommerlichen Temperaturen, gut gelaunte Kopenhagener vor den Lokalen am sonnigen Nordufer des Kanals und genießen das ›Dolce Vita‹ auf Skandinavisch.

Nur zwei Blocks nördlich vom Nyhavn wohnt die dänische Königin Margrethe II. im **Amalienborg Slot** ㉟. Der Palast, erbaut 1749–60 im Rokokostil, besteht aus vier gleichartigen, symmetrischen Palais, die um einen achteckigen Platz errichtet wurden. Das dänische Königshaus nutzt den imposanten Gebäudekomplex als Wohn- und Amtssitz, seitdem 1794 ein Feuer die vorherige Residenz, Christiansborg Slot auf Slotsholmen, vernichtet hatte. Wenn Familienmitglieder im Palast weilen, weht über dem südöstlichen Palais die dänische Flagge Dannebrog. Ist die Königin anwesend, zieht die Ehrengarde von Soldaten mit hohen Bärenfellmützen und blau-schwarzen Uniformen zur Freude vieler Zuschauer von Rosenborg Slot [s. S. 29] nach Schloss Amalienborg zur Wachablösung, die dort um Punkt 12 Uhr stattfindet.

Im **Amalienborg Museum** ㊱ (Tel. 33 12 21 86, www.dkks.dk, Jan.–April Di–So 11–16, Mai–Okt. tgl. 10–16, Nov.–Mitte Dez. Di–So 11–16 Uhr) im *Christian VIII. Palæ*, dem nordwestlichen der vier Palais, können mehrere aus der Zeit zwischen 1863 und 1947 stammende Privatgemächer des Königshauses besichtigt werden.

Die Frederiksgade führt vom Schloss direkt auf den meist *Marmorkirke* genannten mächtigen Kuppelbau der **Frederiks Kirke** ㊲ (Frederiksgade 4, www.marmorkirken.dk, Mo–Do u. Sa 10–17, Fr u. So 12–17 Uhr) zu. Unter König Frederik V. war der Bau bereits 1740 entworfen und 1749 begonnen worden. Drastische Kostensteigerungen, u. a. wegen des verwendeten teuren norwegischen Marmors, bewirkten jedoch nach 30 Jahren einen Baustopp. Erst 1894 konnten die Kuppel (Durchmesser 33 m) und der Innenraum fertiggestellt werden. Letzterer ist mit zahlreichen Statuen und Marmorsäulen geschmückt, im Chorraum verdient ein aus Elfenbein geschnitztes Kruzifix besondere Beachtung.

Vorbei an den golden schimmernden Zwiebeltürmen der russisch-orthodoxen **Alexander Newsky Kirke** ㊳ (1881–83), einer Stiftung des russischen Zaren Alexander III., geht es weiter in Richtung Norden. An der Bredgade 68 befindet sich das **Designmuseum Danmark** ㊴ (Tel. 33 18 56 56, http://designmuseum.dk, Di–So 11–17 Mi bis 21 Uhr). Es präsentiert Kunstgewerbe und Industriedesign aus verschiedenen Kulturkreisen, etwa Europa, Japan oder China, und aus verschiedenen Epochen vom Mittelalter bis zur Moderne. Ein Schwerpunkt ist der Ausstattung von Wohnräumen gewidmet.

Wiederum nördlich davon liegt das 1662–65 mit Schanzen und Wassergräben erbaute **Kastellet** ㊵. Ein Teil der fünfeckigen Anlage wird noch immer vom Militär genutzt, ansonsten ist das sorgfältig restaurierte Areal mit einer kleinen dekorativen Windmühle auf dem ehem. Verteidigungswall als Park für flanierende Kopenhagener fest in ziviler Hand. Im Süden dieses **Churchillparken** ㊶ (tgl. 6 Uhr bis Sonnenuntergang) befindet sich der schlichte Ziegelbau des **Frihedsmuseet** ㊷ (Churchillparken 1, Tel. 33 47 39 21, www.natmus.dk/frihedsmuseet, z. Zt. wg. Renovierung geschl.). Das Museum dokumentiert den dänischen Widerstandskampf während der deutschen Besatzungszeit 1940–45. Die kraftstrotzenden, Wasser speienden Statuen des nahen **Gefion Springvandet** ㊸ schuf Anders Bundgaard 1897–1908. Sie stellen die Sage dar, nach der die Göttin Gefion mithilfe von vier Stieren die Insel Seeland aus schwedischer Erde herauspflügte.

In unmittelbarer Nähe verlaufen die Kaimauern des **Inderhavn** ㊹, an denen im Jahr etwa 200 Kreuzfahrtschiffe anlegen. Bei einem Bummel entlang der Uferpromenade *Langelinie* übersieht man fast die eigentlich unscheinbare und doch meistfotografierte Statue in ganz Skandinavien, **Den Lille Havfrue** ㊺. Die Kleine Meerjungfrau, eine 1913 von Edvard Eriksen nach einer literarischen Schöpfung von Hans Christian Andersen geschaffene Bronzefigur, blickt von einem wasserumspülten Felsen vor der Hafeneinfahrt etwas melancholisch aufs Meer hinaus. Sie scheint auf die Rückkehr des geliebten Prinzen zu warten, mit dem sie doch nicht leben kann, weil sie ein Geschöpf der See ist. 2010 ging die Meerjungfrau erstmalig selbst auf Reisen: Zehn Monate lang zierte das Wahrzeichen den Dänischen Pavillon auf der Weltausstellung Expo in Shanghai.

Parks und Museen im Nordwesten

Die einstigen Wassergräben der mittelalterlichen Wallanlagen von Kopenhagen ziehen sich vom Kastell in weitem Bogen südwärts bis zum Tivoli. Sie sind längst ›entmilitarisiert‹ und zu seenreichen Parkanlagen umgestaltet. In der Østre Anlæg findet man im klassizistischen Gebäude der **Hirschsprungske Samling** ㊻ (Stockholmsgade 20, Tel. 35 42 03 36, www.hirschsprung.dk, Di–So 11–16 Uhr) eines der ansprechendsten Kunstmuseen der Hauptstadt. In lichten Räumen gibt die einst private Kunstsammlung des Zigarettenfabrikanten Heinrich Hirschsprung (1836–1908) einen hervorragenden Überblick über die dänische Malerei des 19. Jhs. Vertreten sind u. a. Christoffer Wilhelm Eckersberg sowie Peter Severin Krøyer und weitere Skagenmaler [s. S. 122].

Ebenfalls in der Østre Anlæg liegt am Ufer eines Teiches das säulenumgebene **Statens Museum for Kunst** ㊼ (Sølvgade 48–50, Tel. 33 74 84 94, www.smk.dk, Di–So 10–17, Mi bis 20 Uhr). Dänemarks größtes Kunstmuseum birgt eine nicht nur in Skandinavien einmalige Sammlung von rund 300 000 Zeichnungen, Radierungen und Stichen, darunter Arbeiten von Dürer, Picasso und Giacometti. Im Mittelpunkt steht die von Vilhelm Dahlerup im

Land und Meer gleichermaßen verbunden ist Dänemarks Wahrzeichen Den Lille Havfrue

Zu Beginn des 17. Jhs. ließ König Christian IV. Rosenborg Slot als ›Lusthäuschen‹ bauen

italienischen Renaissancestil entworfene, 1889–96 entstandene Königliche Gemäldegalerie. Nachdem deren großzügige Räume nicht mehr ausreichten, wurde ein moderner Flügel angebaut. Ein Rundgang führt von den italienischen Meistern, darunter Tizian, Tintoretto, Tiepolo und Mantegna, über niederländische und flämische Werke, u.a. von Rubens, Brueghel d. Ä., Frans Hals oder Rembrandt, bis zu Bildern des Deutschen Lucas Cranach. Für die Kunst des 19. und 20. Jhs. stehen Arbeiten von Matisse, Picasso oder Nolde. Das angeschlossene *Børnenes Museum für Kunst* eröffnet Kindern anhand spezifisch konzipierter Austellungen und Workshops die Erfahrung mit und die Freude an der künstlerischen Betätigung.

Südlich der Sølvgade schließt sich an die Østre Anlæg die etwa 10 ha große, grüne Oase des **Botanisk Have & Museum** ㊽ an (Parkeingänge: Øster Farimagsgade 2c oder Gothersgade 128, botanik.snm.ku.dk, Mai–Sept. tgl. 8.30–18, Okt. bis April Di–So 8.30–16 Uhr, Gewächshäuser schließen früher). Zwischen den Rabatten und Rasenflächen des 1874 angelegten Botanischen Gartens gedeihen unter großen gläsernen Kuppeln Palmen und Kakteen. Eine besondere Attraktion ist das Haus der fleischfressenden Pflanzen.

Das **Arbejdermuseet** ㊾ (Rømersgade 22, Tel. 33 93 25 75, www.arbejdermuseet.dk, tgl. 10–16 Uhr) nahe der Gothersgade belegt, dass Dänemarks Hauptstadt nicht nur von Königen erbaut wurde. Das lebendig gestaltete Museum beschreibt die Kulturgeschichte der Arbeiterbewegung Kopenhagens seit 1870.

Dagegen erzählt der 1606 aus Backstein begonnene Renaissancebau des nahen **Rosenborg Slot** ㊿ (Øster Voldgade 4 A, Tel. 33 15 32 86, www.rosenborgslot.dk, Jan.–April Di–So 11–14, Mai/Sept./Okt. tgl. 10–16, Juni–Aug.

Die Krone für das dänische Königreich, zu sehen in Rosenborg Slot

Kopenhagen

Wie in einem Märchen aus 1001 Nacht kann man sich im festlich illuminierten Tivoli fühlen

tgl. 10–17, Nov.–Mitte Dez. Di–So 10–14 Uhr) wieder von Blaublütigen. Das Schloss ist von *Kongens Have* umgeben, einem wunderschönen, ebenfalls 1606 angelegten Park. Mit seinem grün patinierten Dach, dem geschweiften Giebel und den verspielten Vierecktürmen wirkt es geradezu märchenhaft. In den mit prächtigen Deckengemälden, Gobelins und kostbaren Stilmöbeln ausgestalteten Räumen sind die Kronjuwelen und weitere Schätze des dänischen Königshauses seit 1500 ausgestellt.

Ein Abstecher führt zum **Danske Filminstitut** 51 (Gothersgade 55, Tel. 33 74 34 00, Cinemathek-Ticket-Tel. 33 74 34 12, www.dfi.dk, Mo–Do 9–16.30, Fr 9–16 Uhr). Im offiziellen dänischen Filmarchiv lagern mehr als 16 000 Streifen, 48 000 Film- und TV-Publikationen sowie fast 2 Mio. auch internationale Fotografien. Ausstellungen und Vorführungen historischer Streifen unterstreichen die lange und erfolgreiche Filmgeschichte Dänemarks, die von Asta Nielsen und Valdemar Psilander bis zu Bille August und Lars von Trier reicht.

Tivoli und Vesterbro

TOP TIPP Durchschnittlich 4 Mio. Gäste besuchen jedes Jahr den **Tivoli** 52 (Vesterbrogade 3, Tel. 33 15 10 01, www.tivoli.dk, Mitte April–Ende Sept. sowie an Halloween und in der Weihnachtszeit wechselnde Öffnungszeiten, s. Webseite). Der nostalgische Märchen- und Vergnügungspark wurde bereits 1843 eröffnet, erfreut sich aber dank Harlekin, Pierrot und Kolumbine im alten Pantomimentheater sowie dank der Tivoli-Garde und modernen Fahrgeschäften bis heute ungebrochener Beliebtheit. Seit einigen Jahren ist sogar das höchste Kettenkarussell der Welt im Tivoli beheimatet.

Nicht weit vom Hauptbahnhof Kopenhagens ragt am Skt. Jørgens Sø das moderne **Tycho Brahe Planetarium** 53 (Gammel Kongevej 10, Tel. 33 12 12 24, planetariet.dk, Di–So 9.30–20.30, Mo ab 11.30 Uhr) 38 m hoch auf. Der zylinderförmige Bau ist nach dem dänischen Astronomen Tycho Brahe (1546–1601) benannt, dessen Leben und Werk Thema einer Ausstellung ist. Andere Abteilungen dokumentieren die Geschichte der Astronomie und die Entwicklung der Raumfahrt. An der Decke des Planetariums bildet ein Projektor unsere Milchstraße und andere Universen des Weltalls ab. Das angeschlossene *IMAX-Kino* zeigt spektakuläre Filme zu Natur und Technik.

Nicht weit entfernt lohnt das **Københavns Museum** 54 (Vesterbrogade 59, Tel. 33 21 07 72, www.copenhagen.dk, tgl. 10–17 Uhr) einen Besuch. Hier erhält man anhand von Modellen, Bildern und Geräuschdokumenten einen Einblick in die

Plan hintere Umschlagklappe — **1** Kopenhagen

Mutter der Vergnügungsparks

Der in Algier geborene, welterfahrene dänische Kaufmann und Zeitungsverleger **Georg Carstensen** (1812–1857) war mit König Christian VIII. einer Meinung: »Wenn das Volk sich amüsiert, politisiert es nicht«. 1843 gestattete der Monarch Carstensen den Bau eines 8 ha großen Festplatzes vor den Mauern Kopenhagens mit festen Theatern, Rutschen und Karussells – der **Tivoli** war geboren. Der Name des ältesten bestehenden Vergnügungsparks der Welt geht auf die römische Vorstadt Tivoli zurück, die einst für ihre kunstvollen Wasserspiele bekannt war.

Längst kommt dem heute inmitten der Stadt gelegenen Tivoli der Status eines dänischen **Nationalsymbols** zu. Rund 4 Mio. Besucher erfreuen sich im Sommerhalbjahr und beim Weihnachtsmarkt am Jahresende an der altmodisch gemütlichen, fantasievollen Unterhaltungsmixtur, die noch ganz ohne virtuelle High-Tech-Erlebniswelten auskommt. Ausländische Urlauber und Dänen genießen gleichermaßen Achterbahnen, Spielarkaden, Riesenrad und Karussells wie die ›Wilden Schwäne‹ oder den ›Fliegenden Koffer‹. Sie ergötzen sich an orientalischen Tanzpavillons und Theatern, darunter eine der Commedia dell'Arte nachempfundene Pantomimenbühne, spazieren durch kunstvoll gestaltete Gartenanlagen, rudern über einen See, genießen Konzerte oder lassen es sich in einem der 38 Restaurants, Cafés oder Imbissständen aller Geschmacksrichtungen und jeden Preisniveaus schmecken.

Zur abendlichen Dämmerstunde schaffen **120 000 Glühbirnen** auf den Gebäuden, Bäumen und um den See eine romantische Atmosphäre. Mittwochs und samstags lohnt es sich besonders, den Besuch bis Mitternacht auszudehnen, wenn ein farbenprächtiges **Feuerwerk** den Himmel über dem Tivoli erleuchtet.

Geschichte der Stadt. Eine lebendige Vorstellung vom Kopenhagen des 19. Jhs. vermittelt die Museumsgasse *Absalonsgade* mit Originalhäusern, Kopfsteinpflaster und Gaslaternen.

Das stadtgeschichtliche Museum liegt an der Grenze zum Kopenhagener Viertel **Vesterbro** 55, das mit seinen schmuddeligen Wohnquartieren und halbseidenen Etablissements lange Zeit als Hinterhof der Stadt galt. Inzwischen wurde saniert, schicke Apartments entstanden und Galerien sowie Szene-Kneipen und -Restaurants siedelten sich an. Auch rund um die restaurierten *Øksnehallen* im früheren Schlachthofviertel beim Halmtorvet finden heute Konzerte, Ausstellungen, Filmnächte und Theater-Happenings statt.

Kopenhagen im Kleinformat ist eine der Attraktionen des Københavns Museum

Kopenhagen

Am westlichen Stadtrand liegt die 1847 gegründete Brauerei **Carlsberg Bryggerierne** 56 (Gamle Carlsberg Vej 11, Tel. 33 27 12 82, www.visitcarlsberg.dk, Mai–Aug. Di–So 10–17 Uhr). Die Werksgebäude aus dem 19. Jh., deren Eingang von Granitelefanten bewacht wird, sind als nationales Industriedenkmal geschützt. Neben einem *Besucherzentrum* zur Geschichte der Brauerei und der Bierproduktion findet sich hier die mit über 20 000 Exemplaren größte Bierflaschensammlung der Welt.

Das benachbarte *Frederiksberg* ist zwar eine eigenständige Gemeinde, doch zählt der hiesige **Zoologisk Have** 57 (Roskildevej 38, www.zoo.dk, Jan., Feb., März, Nov., Dez. tgl. 10–16, Apr., Mai, Sep., Okt. bis 18, Juni u. Mitte bis Ende Aug. bis 18, Juli bis Mitte Aug. bis 20 Uhr) noch zur Hauptstadt. Der 1859 gegründete Zoo gilt als einer der schönsten Europas. Gehege und Anlagen, die den natürlichen Lebensräumen nachgestaltet sind, beheimaten mehr als 3300 Tiere. Das elegante Elefantenhaus mit seinen sanft geschwungenen Glaskuppeln geht auf einen Entwurf des Architekten Norman Foster zurück.

Brückenviertel

Jenseits der Wasserflächen des Sortedams Sø und des Peblinge Sø liegen die ›Brückenviertel‹ Nørrebro und Østerbro. Besonders der ehem. Arbeiterstadtteil **Nørrebro** 58 ist einen Bummel wert. Hier findet man neben günstigen Restaurants mit internationaler Küche auch einige Musikklubs, der *Skt. Hans Torv* ist für seine Second-Hand-Läden bekannt und die *Ravnsborggade* ist mit kleinen Läden voller Antiquitäten und Kuriositäten geradezu gespickt.

Auf dem parkähnlichen Friedhof **Assistens Kirkegård** 59 (Kapelvej 2, Sonnenaufgang bis -untergang) im Herzen von Nørrebro kann man die Gräber einiger der berühmtesten Dänen besichtigen, darunter das des Physikers Niels Bohr, des Philosophen Søren Kierkegaard, des Malers Christoffer Wilhelm Eckersberg oder der Dichter Hans Christian Andersen und Martin Andersen Nexø.

Ausflüge nach Norden

Am südlichen Rand des Nobelvorortes **Hellerup** befindet sich in einer früheren Abfüllhalle der Tuborg Brauerei ein bemerkenswertes Museum für Wissen-

Prächtig ist die Carlsberg Bryggerierne, wie es sich für eine Brauerei von Weltrang gehört

schaft und Technik. Das **Experimentarium** (Tuborg Havnevej 7, Tel. 39273333, www.experimentarium.dk, Mo und Mi–Fr 9.30–17, Di 9.30–21, Sa/So 11–17 Uhr) beantwortet mit fast 300 spielerischen Experimenten naturwissenschaftliche und technische Fragen.

Etwas nördlich vom Vorort Bispebjerg, im weitläufigen Park um das nicht zugängliche Barockschlösschen **Charlottenlund** kriechen und krabbeln mehr als 20 000 verschiedene Bewohner der Nord- und Ostsee sowie tropische Fische und Kriechtiere in den etwa 70 Bassins des Aquariums **Den blå Planet** (Kavalergården 1, Charlottenlund, Tel. 39623283, www.denblaaplanet.dk, Mo 10–21, Di–Sa 10–18 Uhr)

In Klampenborg, dem nächsten Vorort in Richtung Norden, befindet sich die nach dem Tivoli meistbesuchte Attraktion Dänemarks, der Vergnügungspark **Bakken** (Dyrehavevej 62, Tel. 39633544, www.bakken.dk, April–Aug. tgl. 14–22, z.T. 12–24 Uhr).

Westlich von Klampenborg, in **Kongens Lyngby**, gibt das Industriemuseum **Brede Værk** (I.C.Modewegsvej, Tel. 33473800, bredevaerk.natmus.dk, Mai, Juni, Mitte Aug. bis Ende Sep. Di–Sa 10–16, Juli bis Mitte Aug. 10–17 Uhr) einen Einblick in den Weg Dänemarks zur Industrienation. Gleich südlich davon schließt sich das 86 ha große **Frilandsmuseet** an, mit über 50 Bauernhöfen, Windmühlen und Häusern von 1650 bis 1940 (Kongevejen 100, Tel. 33473481, www.natmus.dk).

Ausflüge nach Süden

Das malerische Fischer- und Fährstädtchen **Dragør** südlich des Flughafens Kastrup ist bei Seglern bekannt, die auf dem Weg nach Kopenhagen hier einen letzten Stopp einlegen. Große Teile des Ortskerns aus dem 17.–18. Jh. stehen unter Denkmalschutz. Das **Dragør Museet** (Havnepladsen, Mai–Sept. Di–So 12–16 Uhr) in einem alten Fischerhaus gibt einen Überblick über die Seefahrertradition des Ortes und der früher prosperierende Heringsfischerei.

Kunstinteressierte scheuen nicht den kurzen Ausflug nach **Ishøj** am Beginn der Køge-Bucht, denn hier steht **ARKEN – Museum for Moderne Kunst** (Skovvej 100, Tel. 43540222, www.arken.dk, Di, Do–So 10–17, Mi 10–21 Uhr) in den Dünen, das neben Malerei vor allem Architektur und Bildhauerei des 20. Jhs. ausstellt. Schon der futuristische Museumsbau des Archi-

Das Äußere verweist auf das Innere – ARKEN ist ein Museum für Moderne Kunst

tekten Søren Robert Lund aus Stahl und hellem Beton, der an einen Schiffsbug erinnert, stimmt Besucher auf die avantgardistischen Kunstexponate in seinem Inneren ein. Bei entsprechender Witterung lässt sich das Kunsterlebnis mit einem Sonnenbad an den weiten Stränden der **Køge-Bucht** oder einem Sprung ins kühle Nass der beliebten ›Badewanne‹ Kopenhagens abschließen.

Praktische Hinweise

Information

Tourist Information, Copenhagen Visitor Centre, Vesterbrogade 4 A, Kopenhagen, gegenüber vom Haupteingang Tivoli, Tel. 70222442, www.visitcopenhagen.de (mit Hotelbuchungs-Service).

Flughafen

Der internationale **Airport Kastrup** (www.cph.dk) liegt knapp 12 km südlich des Stadtzentrums auf der Insel Amager. Mit der U-Bahn sind Reisende in 12 Min. im Stadtzentrum.

Öffentliche Verkehrsmittel

Die **Copenhagen Card** kann man für 1–5 Tage bei der Tourist Information

Kopenhagen

oder den Verkaufsstellen der dänischen Staatsbahnen DSB lösen. Sie berechtigt zu beliebig vielen Fahrten mit öffentlichen Verkehrsmitteln im gesamten Hauptstadtbereich, gilt als Eintrittskarte für mehrere Museen und ermöglicht Rabatte bei zahlreichen Fähren, Mietwagenfirmen sowie verschiedenen touristischen Attraktionen.

Das öffentliche Nahverkehrssystem der Hauptstadt ist mit **Bussen**, **S-Bahn** und einer **Metro** (U-Bahn) dicht ausgebaut und erschließt fast die Hälfte der Insel Seeland. Die Metro verkehrt rund um die Uhr, ab dem Rathausplatz fahren **Nachtbusse**. Infos zur Bahn, Tel. 70 13 14 15, www.dsb.dk, zu den Bussen, Tel. 36 13 14 15, www.moviatrafik.dk, zur Metro, Tel. 70 15 16 15, www.m.dk.

Während der Sommermonate stehen an mehreren Dutzend Stellen der Innenstadt **Fahrräder** bereit, die man mit Zugang zum Internet nutzen kann. Auch E-Bikes mit GPS sind darunter. Die Benutzung kostet nichts. byogpendlercyklen.dk

Fähren

Bornholmstrafikken, Tel. 56 95 18 66, www.bornholmerfaergen.dk. Ziel: Rønne/Bornholm. Ein Bus bringt Reisende von der Haltestelle beim Tivoli nach Ystad in Schweden, von wo die Fähre nach Bornholm fährt.

DFDS Seaways, Kopenhagen: Tel. 78 79 57 29, www.dfdsseaways.dk, Deutschland: Tel. 018 05/890 10 51, www.dfdsseaways.de. Ziel: Oslo/Norwegen.

Polferries, Tel. 33 13 52 23, www.polferries.de. Ziel: Swinoujscie/Polen via Ystad.

Stadttouren

City Safari, Tom Kristensensvej 28, Tel. 33 23 94 90, www.citysafari.dk. Begleitete Stadterkundung per Fahrrad auf zwölf Routen.

Segway Tours, Tel. 22 35 62 86, tourscph.com, bietet eine Möglichkeit, Kopenhagen rollend zu erkunden. Die Touren dauern ca. 2 Stunden.

Canal Tours, Tel. 32 66 30 00, www.canaltours.dk, 60 Min. vom Nyhavn durch Hafen und Kanäle. Auch Hop-on Hop-off Busse **Nettobådene**, Tel. 32 54 41 02, www.netto-baadene.dk, bieten mit ihren Booten einstündige **Hafen- und Kanalrundfahrten**, die sich auch individuell arrangieren lassen. Start ab Nyhavn, Holmens Kirche oder der Kleinen Meerjungfrau.

Einkaufen

In der Fußgängerzone Strøget und den benachbarten Straßen von Stræderne befinden sich exklusive Geschäfte.

Bang & Olufsen, Østergade 18, Kopenhagen, Tel. 33 11 14 15, www.bang-olufsen.com. Hochwertige HiFi-Anlagen und TV-Geräte.

Bitte Kai Rand, Lille Strandstræde 22, Kopenhagen, Tel. 33 11 99 30, www.bittekairand.dk. Trendboutique östlich vom Kongens Nytorv.

Georg Jensen, Amagertorv 4, Kopenhagen, Tel. 33 11 40 80, www.georgjensen.com. Exklusiver Silberschmied.

Designer Zoo, Vesterbrogade 137, Tel. 33 24 94 93, www.dzoo.dk. Dänisches Design und Kunsthandwerk auf zwei Etagen.

Royal Copenhagen, Amagertorv 6, Kopenhagen, Tel. 33 13 71 81, www.royalcopenhagen.com. Feines Porzellan aus königlicher Manufaktur.

Bredgade und Ravnsborggade in Nørrebro sind bekannt für ihre Antiquitätengeschäfte. Das Latinerviertel um die alte Universität beim Frue Plads bietet Secondhandläden und Buchhandlungen.

Eine ruhige Hand haben die Gestalterinnen der Royal Copenhagen Porzellanmanufaktur

Plan hintere Umschlagklappe **1** Kopenhagen

Dezenten Luxus verrät die Lobby des noblen Hotels Phoenix Copenhagen

Fantask, Skt. Peders Stræde 18 und 35, Kopenhagen, Tel. 33 11 85 38, www.fantask.dk. Für viele der bestsortierte Comic- und Science-Fiction-Laden der Stadt.

Sømods Bolcher, Nørregade 24 und 36, Kopenhagen, Tel. 33 12 60 46, www.soemods-bolcher.dk. Bonbonmanufaktur, in der man bei der Fabrikation zusehen und die süßen Köstlichkeiten kaufen kann.

Den Blå Hal (Ved Amagerbanen 9, Sa/So 10–16 Uhr) sowie **Gammel Strand** (Mai–Sept. Fr 7–18, Sa 8–17 Uhr) sind zwei schöne Antiquitäten- und Flohmärkte.

Nachtleben

The Union Bar, Store Strandstræde 19, Tel. 41 19 69 76, www.theunionbar.dk. Leute, die Bescheid wissen, drücken die Messingklingel. Gut bestückte Bar im Souterrain, meist bestens besucht.

Jazzhus Montmartre, Store Regnegade 19A, Tel. 70 15 65 65, www.jazzhusmontmartre.dk. Legendäre Jazz-Institution, in der einst Dexter Gordon und Ben Webster auftraten. Heute beglücken Jazzgrößen wie Kenny Baron und Abdullah Ibrahim das Publikum.

Kongelige Teater, Kongens Nytorv, Kopenhagen, Tel. 33 69 69 69, www.kgl-teater.dk. Das dänische Staatstheater, eingeweiht 1874, ist ein klassisches Drei-Sparten-Haus mit Schauspiel, Oper, Ballett und Konzerten.

La Fontaine, Kompagnistræde 11, Kopenhagen, Tel. 33 11 60 98, www.lafontaine.dk. Älteste Jazzspielstätte der Stadt (tgl. ab 20 Uhr geöffnet, Livemusik Fr/Sa ab 23, So ab 21 Uhr).

Rust, Guldbergsgade 8, Kopenhagen, Tel. 35 24 52 00, www.rust.dk. Hot Spot im ›Brückenviertel‹ Nørrebro mit zwei Dancefloors, Lounge und Cocktailbar (Mi–Sa ab 23 Uhr).

Mikeller, Victoriagade 8 B-C, Tel. 33 31 04 15, www.mikkeller.dk. Souterrain-Bierbar des ›gipsy brewers‹ mit wechselnden 20 Bieren vom Fass, meist aus eigener Produktion oder von Mikrobrauereien aus aller Welt.

Hotels

****Copenhagen Admiral, Toldbodgade 24–28, Kopenhagen, Tel. 33 74 14 14, www.admiralhotel.dk. Mächtiges umgebautes Lagerhaus von 1787 direkt am Hafen. Urige Zimmer mit Blick auf den Schiffs- und Fährverkehr.

****Phoenix Copenhagen, Bredgade 37, Kopenhagen, Tel. 33 95 95 00, www.phoenixcopenhagen.dk. Elegante Herberge in restauriertem königlichen Gästehaus aus dem 17. Jh. Gepflegte

Kopenhagen

dänisch-französische Küche im Restaurant *von Plessen*.

TOP TIPP ******First Hotel Skt. Petri**, Krystalgade 22, Tel. 33 45 91 00, www.firsthotels.com. Schicke Herberge in umgebautem Kaufhaus mit klaren Linien und dänischem Design. Luftige Lobby mit Frühstücksrestaurant.

***Absalon Hotel, Helgolandsgade 15, Kopenhagen, Tel. 33 24 22 11, www.absalon-hotel.dk. Gepflegte Zimmer und gutes Frühstücksbuffet in Bahnhofsnähe. Nebenan liegt das 1-Stern-Schwesterhaus *Absalon Annex*.

**Sømandshjemmet Bethel, Nyhavn 22, Kopenhagen, Tel. 33 13 03 70, www.hotel-bethel.dk. Schlichte und ordentliche Zimmer in hervorragender Lage im Stadtteil Nyhavn.

*Copenhagen Danhostel Bellahøj, Herbergvejen 8, Brønshøj, Tel. 38 28 97 15, www.youth-hostel.dk. Große Jugendherberge am Stadtrand.

Bars und Cafés

The Royal Café, Amagertorv 6, Tel. 33 12 11 22, www.theroyalcafé.dk. Trendiges Café mit Gebäck und originellen Snacks im Hinterhof von Royal Copenhagen.

Café & Ølhalle 1892, Rømersgade 22, Kopenhagen, Tel. 33 33 00 18, www.arbejdermuseet.dk. Kaffee, Bier und dänische Traditionskost im Restaurant des Arbeitermuseums.

Café Sommersko, Kronprinsengade 6, Kopenhagen, Tel. 33 14 81 89, www.sommersko.dk. Beliebt dank umfangreicher Speisekarte für Frühstück und Snacks (So–Do 8–24, Fr 8–3, Sa 8–2 Uhr).

K Bar, Ved Stranden 20, Tel. 33 91 92 22, www.k-bar.dk. Entspannte Atmosphäre mit gemütlichem Loungemobiliar und langer Martini-Auswahl, die Kirsten Holm professionell mixt.

Library Bar, im Plaza Hotel, Bernstorffsgade 4, Kopenhagen, Tel. 33 14 92 62, www.profilhotels.com. Die Wände der Traditionsbar von 1913 schmücken Buchregale, Chesterfield-Sessel sorgen für Clubatmosphäre.

Nyhavn 17, Nyhavn 17, Kopenhagen, Tel. 33 12 54 19, www.nyhavn17.dk. Fröhlicher Hangout von 10 Uhr morgens (Küche ab 11 Uhr) bis in die Nacht. Im Sommer mit Plätzen im Freien.

Nørrebro Bryghus, Ryesgade 3, Tel. 35 30 05 30, www.norrebrobryghus.dk. Zehn verschiedene Biere aus dem eigenen Brauhaus in 150 Jahre altem Gewerbehaus. Am Wochenende bis 2 Uhr.

Restaurants

Formel B, Vesterbrogade 182, Kopenhagen, Tel. 33 25 10 66, www.formel-b.dk. Kreative dänisch-französische Menüs, michelinsterngekrönt, am Rande des Zentrums (Di–Sa abends).

Aamanns Etablissement, Øster Farimagade 12, Tel. 35 55 33 10, www.aamanns.dk. Kunstvoll arrangiertes Smørrebröd bei Adam Aamann im angesagten Østerbro Quartier (Mo–Di geschl.).

TOP TIPP **Kong Hans Kælder**, Vingaardsstræde 6, Kopenhagen, Tel. 33 11 68 68, www.konghans.dk. Spitzenrestaurant mit entspannter Atmosphäre in einem über 500 Jahre alten Gewölbe nahe dem Königlichen Theater. Die Küche zaubert superbe Fisch- und Fleischgerichte (nur Abendessen, So geschl.). Wer reservieren will, braucht Glück – das Restaurant ist Monate im Voraus ausgebucht.

Kodbyens Fiskebaren, Flæsketorvet 100, Tel. 32 15 56 56, www.fiskebaren.dk. Modernes Fischrestaurant im ehemaligen Schlachthofviertel hinter dem Hauptbahnhof ohne steife Etikette.

Meyers Deli, Kgs. Nytorv 13, Tel. 33 18 24 25, www.meyersdeli.dk. Die köstlichen Kleinigkeiten und Lebensmittel aus nachhaltigem Anbau gibt es inzwischen in drei Filialen.

Nyhavns Færgekro, Nyhavn 5, Kopenhagen, Tel. 33 15 15 88, www.nyhavnsfaergekro.dk. Das populäre Speise- und Trinklokal am lebhaften Nyhavn Kanal ist bekannt für sein köstliches Heringsbuffet.

Noma, Strandgade 93, Kopenhagen, Tel. 32 96 32 97, www.noma.dk. Weltberühmte skandinavische Kreativküche in 250 Jahre altem Speicher im Nordatlantikhaus.

Riz Raz, Kompagnistræde 20, Kopenhagen, Tel. 33 15 05 75, www.rizraz.dk. Mittelmeerküche mit leckeren Salaten und sagenhaftem Mittags- und Abendbuffet zu moderaten Preisen.

Søren K, Søren Kierkegaard Plads 1, Kopenhagen, Tel. 33 47 49 49, www.soerenk.dk. Trendlokal in der Königlichen Bibliothek (Mo–Sa 12–24 Uhr).

Die gotische Domkirke ist zweifellos das überragende Bauwerk von Roskilde

2 Roskilde

Wikingerhafen, Königslege und Kulisse für Europas größtes Rockfestival.

Bis ins 15. Jh. war das ›tausendjährige Roskilde‹ geistiges und weltliches Zentrum des dänischen Königreichs, Sitz des Bischofs und königliche Residenz. Heute leben 48 000 *Roskildenser* in der gemütlichen und munteren **Universitätsstadt**, die nichts Verstaubtes an sich hat. Schon von Weitem erkennt man die spitzen Doppeltürme des **Doms**, noch immer Mittelpunkt der Stadt am südlichen Ufer des tiefen zerklüfteten Roskilde Fjord.

Geschichte Im Jahr 980 verlegte König **Harald Blauzahn** seinen Hof von Jütland an die geschützte Meeresbucht. In der Nähe einiger heilkräftiger Quellen ließ er hier die wahrscheinlich erste christliche Kirche Dänemarks bauen. Valdemar der Große setzte 1158 in Roskilde seinen Ziehbruder und Freund **Absalon** als Landesbischof ein, der wenige Jahre später den Bau des Doms in Angriff nahm. Mehrere Jahrhunderte wurde Dänemark sowie lange Zeit auch Norwegen und Schweden von Roskilde aus regiert. Doch als 1416 Kopenhagen wegen seines leichter zugänglichen Hafens **Hauptstadt** wurde, stagnierte der Ort. Nach der **Reformation** 1536 und der Auflösung vieler Kirchen und Klöster ging die Bedeutung des seit seiner Gründung katholischen Roskilde weiter zurück. 1658 wurde im Dom der bittere Friedensvertrag mit Schweden besiegelt, bei dem Dänemark Schonen verlor, seine Stammlande östlich des Øresund. Anschluss an die neue Zeit fand Roskilde erst wieder Mitte des 19. Jh., als die Eisenbahn die Stadt erreichte. Und nach dem Ausbau der Universität im 20. Jh. entwickelte es sich vollends zu einer seeländischen **Metropole**.

Als das berühmteste Gotteshaus des Landes gilt die 1170 auf den Grundrissen von drei Vorläuferkirchen begonnene **Domkirke** (Domkirkestræde 10, Tel. 46 35 16 24, www.roskildedomkirke.dk, April–Sept. Mo–Sa 9–17, So/Fei 12.30–17, Okt.–März Di–Sa 10–16, So/Fei 12.30–16 Uhr). Der Bau des Doms zog sich mehrere Jahrhunderte hin: Der nördliche Turm etwa nahm um 1400 Gestalt an, war aber erst 1636 mit der sich stark verjüngenden Turmspitze vollendet. Angelegt war der mächtige *Backsteinbau* als romanische Basilika mit Rundbögen und einem weit ausladenden Querschiff, doch

Roskilde

Königlicher Prunk umgibt das Renaissance-Grab Christians IV. im Dom von Roskilde

bereits im Jahr 1200 wurde er mit spitzbögigen, sich zum Chor öffnenden Emporen gotisch überformt. Im Kirchenschiff setzt sich der Emporenbau mit kleinen Rundbögen fort.

Bekannt ist die Domkirke als **Grablege** der dänischen Könige. 38 gekrönte Häupter, von Margrete I. († 1412) bis Frederik IX. († 1972), sind hier in mehreren Seitenkapellen bzw. Anbauten bestattet. Die im Laufe der Jahrhunderte angebauten *Kapellen* mit den Königsgräbern spiegeln Baustil und Geschmack der jeweiligen Zeit wider. Die 1613–41 erbaute Kapelle von Christian IV. im Nordosten erscheint beispielsweise in dem opulenten, von ihm geliebten niederländischen Renaissancestil, während die daneben liegende Kapelle von Christian IX. von 1917 an eine byzantinische Kuppel erinnert. In der ausladenden *Dreikönigskapelle* an der Südseite von 1459 finden sich qualitätvolle Fresken mit biblischen Motiven und die sog. *Königssäule*. An ihr ließen viele Herrscher mit einer Kerbe ihre Körpergröße markieren, der russische Zar Peter der Große bei 207 cm, König Christian II. bei 164 cm. Im mit geschnitzten Figuren und Ornamenten reich geschmückten *Chorgestühl* von 1420 sind biblische Geschichten dargestellt, der üppig vergoldete, von Antwerpener Künstlern gestaltete *Flügelaltar* aus der Zeit um 1560 thematisiert das Leben Christi, von seiner Geburt bis zum Tod am Kreuz. Das *Orgelspiel* aus dem 16. Jh. gehört nach einer Restaurierung zu den bedeutendsten historischen Musikinstrumenten des Nordens – wöchentliche Sommerkonzerte finden stets ein großes Publikum.

Der **Absalonbogen**, ein aus dem beginnenden 13. Jh. stammender, gemauerter Kalksteinbogen, verbindet den Dom im Osten mit dem benachbarten **Palæ**, einst Bischofssitz, später königliche Herberge. Der heutige Bau mit seiner markanten gelben Fassade wurde ursprünglich 1733 als zeitweiliger königlicher Wohnsitz im Stil des Barock errichtet. Er enthält die **Palæsamlingerne** (Stændertorvet 3 A, Di–Fr 11–17, Sa/So 12–16 Uhr, Winter nur Sa/So), eine Sammlung von Möbeln und Porträts des 18. und 19. Jhs. In einem anderen Trakt des Palais zeigt das **Museet for Samtidskunst** (Stændertorvet 3 D, Tel. 46 31 65 70, www.mfsk.dk, Di–Fr 11–17, Sa/So 12–16 Uhr) Wechselausstellungen zeitgenössischer Kunst.

Das Palais ist nach Süden, zum Marktplatz **Stændertorvet** hin ausgerichtet. An dessen westlicher Seite erhebt sich das lang gestreckte neogotische Rathaus von

Roskilde

1880 mit einem Turm, der von der mittelalterlichen Laurentiuskirche aus dem 16. Jh. übrig geblieben ist. An dem Gebäude entlang verläuft die Fußgängerzone der **Skomagergade** nach Westen bis zur Ringstedgade. In der Sankt Ols Gade 15, einer Seitenstraße der Fußgängerzone, informiert die reiche Sammlung des **Roskilde Museum** (Tel. 46 31 65 00, www.roskildemuseum.dk, tgl. 11–16 Uhr) über die Geschichte der Stadt seit ihrer Gründung im Mittelalter.

Im Norden der Stadt, am Ufer des Roskilde Fjord, findet man die weiträumigen **Vikingeskibshallen** (Vindeboder 12, Tel. 46 30 02 00, www.vikingeskibsmuseet.dk, Ende Juni–Aug. tgl. 10–17, sonst tgl. 10–16 Uhr). Sie wurden eigens für fünf Wikingerschiffe gebaut, die 1962 bei dem Ort Skudelev auf dem Grund der Wasserrinne entdeckt worden waren. Man vermutet, dass diese 12–28 m langen Handels-, Fischer- und Kriegsschiffe im 11. Jh. absichtlich versenkt wurden, um die Einfahrt in den Fjord zu blockieren. Auf der benachbarten *Museumsinsel* werden in einer Werft Kopien alter Wikingerschiffe gebaut. Besucher können sich nach Lust und Laune an verschiedenen Handwerksarbeiten beteiligen. Im Sommer kann man vom Museum aus mit nachgebauten Wikingerschiffen für 2 Std. in See stechen – rechtzeitige Anmeldung an der Kasse vorausgesetzt.

Seit 1971 ist Roskilde Musikfans aus der ganzen Welt ein Begriff. Das Spitzenprogramm des viertägigen **Roskilde Festival** (Tel. 46 36 66 13,

Wie einst die Wikinger: Mit dem Museumsschiff der Vikingeskibshallen im Roskilde Fjord

Ticketbuchung über http://roskilde-festival.dk) lockt jedes Jahr Ende Juni/Anfang Juli von Donnerstag bis Sonntag um die 70 000 Zuschauer in die Stadt. Das Festival auf der Insel Seeland gilt als friedliches Großereignis, das Programm umfasst ei-

Gekonnt steuern Kindern einen Einbaum durch den Teich beim Sagnlandet Lejre

Rot-weißer Nationalstolz

Im Juli 1219 soll es gewesen sein, als dem Dänenkönig Valdemar II. in der Schlacht um Reval vom Himmel ein blutrotes Banner mit weißem Kreuz zuwehte. War das ein günstiges Zeichen, ein Symbol für die Hilfe Gottes? Jedenfalls nahmen es die dänischen Ritter und Reisige (berittene Söldner) sowie deren wendische Verbündete als solches – und siegten über die heidnischen Esten. Seit diesem Tag, so will es die Legende, gilt der **Dannebrog** (broge = farbiges Tuch) den Dänen als Nationalflagge. Nüchterne Geister vermuten den Ursprung der Fahne allerdings in den auffällig ähnlichen Bannern der mittelalterlichen Templer- und Johanniterorden.

So oder so: Der Dannebrog ist eine der ältesten Flaggen der Welt. Heute fungiert das rote Tuch mit dem weißen Kreuz als friedliches Symbol dänischen **Nationalstolzes**. In Tausenden Vorgärten wird es regelmäßig gehisst, um Nachbarn und die Sonne zu grüßen. An Geburtstagen und bei festlichen Familienfeiern lassen die Dänen ihre Flagge flattern, und zu Weihnachten schmücken sie ihren Baum mit kleinen Dannebrog-Fähnchen. Darüber hinaus gibt es eine Vielzahl offizieller Flaggentage – dazu zählen u.a. der Tag der Unterzeichnung der Verfassung (5. Juni) und der Geburtstag von Königin Margrethe II., der am 16. April gefeiert wird.

Dänemarks Nachwuchs vor dem alten Rathaus von Aalborg

ne bunte Mischung aus traditionellem Rock und innovativer Musik von Free Jazz bis Rap. Im Gegensatz zu anderen Festivals dieser Größenordnung geht der gesamte Gewinn an einen Verein, der gemeinnützige Organisationen unterstützt.

Sagnlandet Lejre

Mehr ein Freilandlabor als ein Freilichtmuseum ist **Sagnlandet Lejre** (Slagealléen 2, Lejre, Tel. 46 48 08 78, www.sagnlandet.dk, wechselnde Öffnungszeiten, s. Website) auf der Insel Seeland, 8 km westlich von Roskilde. Das ›Land der Legenden‹, so der dänische Name übersetzt, ermöglicht eine Zeitreise von mehr als 10 000 Jahren in die Vergangenheit. Wissenschaftler haben in der Nähe ein archäologisches Versuchszentrum aufgebaut, zu dem ein Dorf aus der Eisenheit, eine Wikingersiedlung, ein Wikingermarkt und Bauernhäuser des 19. Jhs. gehören. Im Sommer erwacht die Anlage zum Leben: Zwischen den schilfgedeckten Hütten tummeln sich Haustiere, Handwerker in historischen Gewändern betreiben Landwirtschaft und Fischerei wie zu Zeiten ihrer Vorväter. Besucher können dem Rollenspiel zuschauen und auch selbst aktiv werden, z. B. beim Brot backen.

ℹ Praktische Hinweise

Information

Roskilde Lejre Turistbureau, Stændertorvet 1, Roskilde, Tel. 46 31 65 65, www.visitroskilde.com

Schiff

Rederiet Sagafjord, Skt. Valbyvej 154, Roskilde, Tel. 46 75 64 60, www.sagafjord.dk. Von April bis Okt. läuft der altertümliche Ausflugsdampfer Sagafjord mit Buffet von Roskildes Hafen zu Fjord-Rundfahrten aus.

Camping

Roskilde Camping, Baunehøjvej 7, Veddelev, Tel. 46 75 79 96, www.roskildecamping.dk. Landschaftlich reizvoll am Fjord gelegener, unebener Platz. Der schmale Strand kann mit Campinghütten, zwei Badestegen und mehreren Liegewiesen aufwarten.

Hotels

******Prindsen**, Algade 13, Roskilde, Tel. 46 30 91 00, www.prindsen.dk. Das bereits im Jahr 1695 gegründete Hotel vereint

Als Hamletschloss ging Kronborg Slot dank Shakespeare in die Literatur ein

3 Helsingør

Hamletschloss und modernes Kunstmuseum an weißen Ostseestränden.

Der geschäftige Fährhafen der knapp 46 000 Einwohner zählenden Øresundstadt liegt im Schatten des weltberühmten Renaissanceschlosses Kronborg. Hier siedelte Shakespeare sein Drama des Dänenprinzen **Hamlet** an, der einerseits dem Geist des ermordeten Vaters versprach, dessen gewaltsamen Tod am Bruder zu rächen, doch andererseits von Skrupeln und Zweifeln bis zur Entscheidungsunfähigkeit geplagt wird.

1425 verfügte der dänische König Erik von Pommern, dass jedes durch den Sund passierende Schiff Zoll zu entrichten habe. Um dieser Forderung Nachdruck zu verleihen, wurde die kleine Burg *Krog*, die schon einige Jahre zuvor über dem Fischerstädtchen Helsingør erbaut worden war, als Sperrfestung ausgebaut. Ein umfangreicher Neubau unter Frederik II. in den Jahren 1574–85 sowie der Ausbau nach einem Brand 1626 unter Christian IV. ließen den heutigen vierflügeligen Renaissancebau **Kronborg Slot** (Tel. 49 21 30 78, www.ses.dk, Ostern–Mai, Sept., Okt. tgl. 11–16, Juli, Aug. tgl. 10–17.30, Nov.–Ostern Di–So 11–16 Uhr) entstehen. Das gewaltige Burgschloss mit Sandsteinfassaden, Kupferdächern und -tür-

modernen Komfort und gemütliche Atmosphäre. Die Zimmer in der obersten Etage bieten Blick auf den Fjord. Das hoteleigene Restaurant Prindsen ist erstklassig.

*Danhostel Roskilde, Vindeboder 7, Roskilde, Tel. 46 35 21 84, www.danhostel.dk/roskilde. Jugendherberge mit 176 Betten (40 Zimmer mit Bad) beim Hafen nahe der Wikingerschiffe.

Svogerslev Kro, Svogerslev Hovedgade 45, Roskilde, Tel. 46 38 30 05, www.svogerslevkro.dk. Gemütlicher Gasthof mit 18 Zimmern und gutem Restaurant.

Restaurants

TOP TIPP **Restaurant Mumm**, Karen Olsdatters Str 9, Tel. 46 37 22 01, www.restaurantmumm.dk. Dänisch-französische Küche vom Feinsten. Im Sommer nette Plätze im Restaurantgarten.

Restaurant Toppen, Bymarken 37, Roskilde, Tel. 46 36 04 12, www.restauranttoppen.dk. Die solide dänische Küche hat ihren Preis, doch den Blick vom Panoramarestaurant auf der Spitze eines 90 m hohen Wasserturms über die Stadt und den Fjord gibt es gratis dazu.

3 Helsingør

men um einen geschlossenen Innenhof wird von Wall und Graben eingefasst. Der Sundzoll musste übrigens noch bis 1857 entrichtet werden, eine einträgliche Geldquelle für Krone, Staat und für Helsingør, wo die Schiffe anlegten und meist auch Proviant aufnahmen.

Die *Schlosskapelle* mit ihren reichen Renaissanceschnitzereien im Südflügel gehört zu den ältesten Gebäudeteilen des Schlosses. Im 62 m langen Rittersaal des Nordflügels hängen noch sieben von einst 40 kostbaren *Kronborgtapeten* aus dem 16. Jh., flämische Gobelins mit dänischen Königsporträts. In den *Kasematten* unter dem Schloss zeigt eine mächtige sitzende Steinfigur die Ruhestätte des hier angeblich schlummernden sagenhaften Recken Holger Danske. Man sagt, sobald Dänemark in großer Gefahr schwebt, wird er aufwachen, um das Land zu retten. Der Besuch von Kasematten und Kapelle können mit einem schönen Spaziergang über die Wallanlagen verbunden werden, auch ohne das übrige Schloss zu besichtigen.

Das **M/S Museet for Søfart** (Tel. 49 21 06 85, www.mfs.dk, Ostern–Mai, Sept., Okt. tgl. 11–16, Juni–Aug. tgl. 10–17.30, Nov.–Ostern Di–So 11–16 Uhr), bislang im Nordflügel des Schlosses beheimatet, bezog im Juni 2013 am benachbarten historischen Hafen ein spektakuläres neues Haus. Das von der dänischen Architektengruppe BIG entworfene Gebäude umschließt ein ehem. Trockendock, dessen Gemäuer von Innenhöfen in Schiffsform und verglasten Brückengängen durchbrochen sind und im Inneren weite Räume mit verspielten Treppenfluchten eröffnen. Das Museum verbindet ein spannendes Architekturerlebnis mit einer modernen Präsentation seiner zahlreichen Exponate, Modelle und Karten zur Geschichte der dänischen Seefahrt und der überseeischen Besitzungen des Königreiches.

Ein Erlebnis für Kulturfreunde auf dem alten Werftgelände ist hinter einer weithin sichtbaren Glasfassade die **Kulturværftet** (Allegade 2, Tel. 49 28 37 70, www.kulturvaerftet.dk.), ein Spielort u. a. für Theater, Tanz und Literatur. Ein Werftmuseum dokumentiert die Geschichte der Helsingør Skibværft, die lange Zeit der größte Arbeitgeber vor Ort war.

Westlich an das Werftgelände grenzt die **Altstadt** von Helsingør mit ihrem schachbrettartigen Straßenmuster und schön restaurierten **Fachwerkhäusern** aus dem 16.–18. Jh. Sehr stimmungsvoll ist ein Bummel vor allem entlang der kleinen Gammel Færgestræde, die sich zwischen der Strandgade im Süden und der Fußgängerzone um die Stengade erstreckt. Diverse Geschäfte für Alkoholisches aller Art erinnern daran, dass das schwedische Helsingborg und Schonen nur 25 Fährminuten entfernt sind. Da Alkohol dort noch teurer ist, nutzen viele Schweden die Gelegenheit, sich in Dänemark relativ günstig einzudecken.

Die spätgotische **Skt. Olai Kirke** zwischen Skt. Olaigade und Stengade wurde 1480–1559 errichtet. Am Gemäuer des Backsteindoms kann man noch Überreste der romanischen Vorgängerkirche aus dem 13. Jh. ausmachen. Auch die Taufka-

In der kühleren Jahreszeit haben Wanderer den schönen Strand von Gilleleje oft für sich allein

3 Helsingør

Exponate und Besucher auf dem grünen Rasen im Garten des Kunstmuseums Louisiana

pelle mit Gemälden von Joakim Skovgaard vom Beginn des 20. Jh. ist sehenswert.

In der Skt. Anngæde verbirgt sich ein früheres, um 1430 errichtetes Karmeliterkloster mit der **Skt. Mariæ Kirke**. Der einst einflussreiche Konvent wurde nach der Reformation in ein Hospital umgewandelt. Heute finden in dem von offenen Arkaden umgebenen Innenhof des gotischen Gebäudekomplexes Sommerkonzerte statt. 1660 kam übrigens der virtuose Organist und Komponist Dietrich Buxtehude (1637–1707) für acht Jahre nach Helsingør und spielte die prachtvolle Orgel der Kirche, bevor er ins hansische Lübeck umzog.

Etwa 1,5 km westlich der Altstadt zeigt das **Danmarks Tekniske Museum** (Fabriksvej 25, Tel. 49 22 26 11, www.tekniskmuseum.dk, Di–So 10–17 Uhr) in einer ehemaligen Eisengießerei wissenschaftliche und technische Errungenschaften der Neuzeit, darunter die ersten Flugzeuge im Königreich und das legendäre dänische Automobil *Hammelvognen* aus dem Jahr 1888 sowie eine Zinnwerkstatt.

Humlebæk

Von Helsingør führt die bezaubernde Küstenstraße *Strandvejen* nach Süden, vorbei an den Villen der *dänischen Riviera*. In wenigen Auto- oder Bahnminuten ist das Städtchen Humlebæk erreicht, wo sich an der frei zugänglichen Küste beim **Museum Louisiana** (Gammel Strandvej 13, Tel. 49 19 07 19, www.louisiana.dk, Di–Fr 11–22, Sa/So 11–18 Uhr) nicht nur ein atemberaubender Blick über den Øresund nach Schweden bietet. Auch die Sammlung moderner Kunst sucht ihresgleichen. Der Käsefabrikant, Kaufmann und Kunstmäzen Knud Jensen (1916–2000) ließ 1958 auf einem großen Grundstück direkt am Wasser ein Herrenhaus von 1860 zu einem bemerkenswerten Museum umbauen – zur Erinnerung an seine drei Ehefrauen, die alle Louise geheißen hatten. Seit der Eröffnung wurde das Anwesen mehrfach um moderne Anbauten erweitert, passend zu den vielfältigen Exponaten. Henry Moore, Pablo Picasso, Andy Warhol, Roy Lichtenstein, Alberto Giacometti, Asger Jorn, Alexander Calder, Joseph Beuys, um nur einige Künstler zu nennen, sind mit Bildern und Plastiken reich vertreten.

Nur wenig weiter südlich liegt **Rungstedlund**, das Geburtshaus der Schriftstellerin Karen Baronesse Blixen-Finecke (1885–1962), die auch unter den Pseudonymen Tania Blixen und Isak Denison veröffentlichte. Seit 1991 ist der einstöckige ehem. Gasthof zum **Karen Blixen Museet** (Rungstedt Strandvej 111, Rungstedt Kyst, Tel. 45 57 10 57, www.karen-blixen.dk, Mai–Sept. Di–So 10–17, Okt.–April Mi–Fr 13–16, Sa/So 11–16 Uhr) umgestaltet. Tantiemen aus den mit großem Erfolg verfilmten Romanen *Jenseits von Afrika* und *Babettes Fest* aus den 1980er-Jahren haben die Finanzierung ermöglicht. Originale Besitztümer und Fotografien beschrei-

3 Helsingør

ben das aufregende Leben der weltgewandten Frau. Im Garten hinter dem Haus befindet sich ihr schlichtes Grab.

Strände im Norden

Die ca. 60 km lange Kattegatküste nordwestlich von Helsingør wandelt sich von einem Stein- und Klippenufer zu einem schönen Sand- und Dünenstrand, immer wieder unterbrochen von einer Reihe Fischerdörfer, die heute auch vom Fremdenverkehr leben. Die teils von Steilufern, Wäldern oder Dünen begrenzten Strände zwischen **Hornbæk** und **Gilleleje** gehören in den Sommermonaten zu den liebsten Wochenendzielen der Kopenhagener. Das nette Dörfchen Gilleleje (Kommune Gribskov) mit seinem intakten Fischereihafen pflegt seit Ende des 19. Jh. seine Tradition als Sommerfrische. Heute nehmen Campingplätze und Ferienhäuser sowie kleine Hotels Ausflügler und Urlaubsgäste auf, die das ruhige Leben genießen.

i Praktische Hinweise

Information

Helsingør Turistbureau, Havnepladsen 3, Helsingør, Tel. 49 21 13 33, www.visit helsingor.dk – **Gilleleje Turistbureau**, Gilleleje Hovedgade 6 F, Gilleleje, Tel. 48 30 01 74

Fähre

Fähren mehrerer Gesellschaften pendeln mehrmals pro Stunde in 25 Min. zwischen dem Terminal gegenüber dem Bahnhof von Helsingør und dem schwedischen Helsingborg über den Øresund.

Sport

Gilleleje Golfklub, Sophienlund Allé 13, Gilleleje, Tel. 49 71 80 56, www.gilleleje golfklub.dk. Der anspruchsv. 18-Loch-Platz am Meer steht auch Tagesgästen offen.

Hornbæk Cykeludlejning, Nordre Strandvej 315 D, Hornbæk, Tel. 20 78 03 43, www.hornbaekcykeludlejning.dk. Fahrräder für die ganze Familie (April–Aug.).

Camping

TopCamp Dronningmølle Strand, Strandkrogen 2 B, Dronningmølle (zwischen Helsingør und Gilleleje), Tel. 49 71 92 90, www.dronningmolle.dk. Gut ausgestattete, familienfreundliche Anlage nahe Küstenstraße und Bahnlinie am bis zu 20 m breiten Strand.

Hotels

****Hotel Marienlyst**, Ndr. Strandvej 2, Helsingør, Tel. 49 21 40 00, www.marien lyst.dk. Das elegante Badehotel am Ostseestrand nördlich von Schloss Kronborg bietet angenehme Zimmer und Apartments. Für Abwechslung sorgen eine Badelandschaft und ein Kasino.

*****Helsingør Vandrerhjem**, Ndr. Strandvej 24, Helsingør Tel. 49 28 49 49, www. helsingorhostel.dk. Jugendherberge mit eigenem Strand nördlich des Stadtzentrums, für Einzelreisende und für Familien geeignet.

Restaurants

Madam Sprunck, Bramstræde 5, Helsingør, Tel. 49 26 48 49, www.madam sprunck.dk. Romantisches Restaurant im gleichnamigen Hotel mit guter Weinkarte und leckeren Gerichten.

Søstrene Olsen, Øresundsvej 10, Hornbæk, Tel. 49 70 05 50, www.sostrene olsen.dk. Französisch inspirierte Küche direkt am Hafenbecken (Di geschl., in den Wintermonaten geschl.).

4 Hillerød

Königliche Barock- und Renaissanceresidenzen künden von einstiger Macht.

Umgeben von den ausgedehnten Waldgebieten Gribskov und Store Dyrehavn, zwischen den beiden Seen Esrum-Søund Arresø liegt Hillerød im Herzen Nordseelands. Bedeutendstes Bauwerk des Städtchens ist das Renaissanceschloss **Frederiksborg Slot** (Tel. 48 26 04 39, www.frederiksborgslot. dk, April–Okt. tgl. 10–17, Nov.–März tgl. 11 bis 15 Uhr), dessen Gebäude sich auf drei Inseln im kleinen Schlosssee verteilen. Das imposante dreiflügelige Hauptgebäude, ein Backsteinpalast, ist mit Giebeln und Türmen gekrönt. Wie viele andere Prachtbauten des Königreichs geht er auf Christian IV. zurück. Dieser hatte Vorgängerbauten von Frederik II. abreißen und an ihrer Stelle vom holländischen Baumeister Hans van Steenwinkel 1602–20 ein großartiges Schloss errichten lassen. Lediglich die beiden vorderen Rundtürme blieben erhalten, die durch die eingemeißelte Jahreszahl auf 1562 datiert sind. Sie überstanden auch den Brand von 1859, nach dem Frederiksborg als Nationalhistorisches Museum des Landes wieder aufgebaut wurde.

TOP TIPP

Hillerød

Auf Inseln in einem kleinen See wurden die Gebäude des Frederiksborg Slot errichtet

Neben Schlachtengemälden, Karten und Waffensammlungen beherbergt dieses **Danmark Nationalhistoriske Museum** (Öffnungszeiten wie Schloss) eine Porträtgalerie bedeutender Dänen. Im Schloss, das von einem niedrigeren Terrassenbau nach Süden und zur Nachbarinsel durch einen Vorhof mit nachgebautem Neptunbrunnen begrenzt wird, sind *Rittersaal* und *Schlosskirche* die bedeutendsten architektonischen Sehenswürdigkeiten. Bei letzterer tragen vergoldete Pfeiler das gotische Langhaus, vom fein geschnitzten Gestühl schaut man auf eine Kanzel aus Ebenholz und ein silbernes Taufbecken. Auf der Orgel aus der Werkstatt von Esaias Compenius von 1610 werden noch immer Konzerte gegeben. Auch der Rittersaal war einst kostbar ausgestattet, doch fielen viele Stücke, wie die Delfter Wandteppiche aus dem 16. Jh., Bränden zum Opfer. Die prachtvolle Kassettendecke aus Eichenholz wurde jedoch sorgfältig rekonstruiert. Liebhaber der Gartenbaukunst werden vom kunstvoll angelegten, barocken *Schlosspark* begeistert sein, der sich nördlich des Schlosses wie zu Zeiten König Frederiks IV. präsentiert, der ihn im frühen 18. Jh. anlegen ließ.

Fredensborg

Nur 5 km nördlich von Hillerød wurde 1722 die königliche Residenz **Fredensborg Slot** (Slotsgade, Fredensborg, www.ses.dk, nur Juli–11. Aug.: Führungen tgl. 13 bis 16.30 Uhr) im italienischen Barockstil mit weiß verputzten Außenwänden fer-

Hand in Hand auf dem Weg in die königliche Residenz Fredensborg

Hillerød

Die mächtige Beltbrücke ist Teil der Storebæltforbindelsen zwischen Fünen und Seeland

tiggestellt. In der Folgezeit mehrfach umgestaltet, präsentiert sich das Schloss heute auch mit Rokoko- und klassizistischen Elementen. Seit mehr als 200 Jahren ist die anmutig-heitere Anlage zwischen Wald und den Häusern des Weilers Fredensborg der erklärte Lieblingswohnsitz jeder königlichen Familie. Den Juli verbringen Königin Margrethe und Prinzgemahl Henrik traditionell auf Marselisborg Slot in Aarhus [s. S. 105], dann können einige Innenräume der ›Friedensburg‹ im Rahmen von Führungen besichtigt werden. Das restliche Jahr über sind der Öffentlichkeit nur *Schlosspark* und *Mar-morgarten* zugänglich, letzterer geschmückt von Skulpturen aus der nordischen Mythologie und von Figuren ›einfacher Leute‹.

Im **Fredensborg Falknergård** (Davidsvænge 11, Tel. 48 48 25 83, www.falknergaarden.com) werden Raubvögel für die Jagd trainiert und Falkner ausgebildet. Bei knapp einstündigen Flugvorführungen (diverse Öffnungs- und Vorführtage zwischen April und Oktober, aktuelle Informationen sind auf der Webseite zu finden) demonstrieren erfahrene Falkner die scharfen Augen, das ausgezeichnete Gehör und das fliegerische Können von Falken, Habichten oder Milanen.

Praktische Hinweise

Information

www.visitnordsjaelland.dk – **Hillerød Turistbureau**, Møllestræde 9, Hillerød, Tel. 48 24 26 26 – **Fredensborg Turistinformation**, Slotsgade 2, Fredensborg, Tel. 48 48 21 00 (nur im Sommer)

Sport

Hillerød Golf Klub, Nysøgårdsvej 9, Ny Hammersholt, Hillerød, Tel. 48 26 50 46, www.hillerodgolf.dk. 18-Loch-Golfplatz.

Camping

Rosenholm Camping, Torpmaglevejen 58, Hundested, Tel. 47 92 30 49, rosenholm.dk-camp.dk. Gepflegter Familienplatz auf der Halbinsel Halsnæs.

Hotels

******Hotel Hillerød**, Milnersvej 41, Hillerød, Tel. 48 24 08 00, www.hotelhillerod.dk. Angenehmes Haus mit 111 Zimmern, zwei Suiten und Restaurant Krydderiet.

***Fredensborg Vandrerhjem**, Østrupvej 3, Fredensborg, Tel. 48 48 03 15, www.fredensborghostel.dk. Die gemütliche Herberge, 800 m vom Schloss entfernt, bietet auch Familienzimmer.

Restaurants

Skipperhuset, Skipperallé 6, Fredensborg, Tel. 48 48 10 12, www.skipperhuset.dk. Einladendes Restaurant mit dänisch-französischer Küche in umgebautem Bootshaus, bei schönem Wetter lockt die Terrasse (Mo und Okt.–April geschl.).

Spisestedet Leonora, Frederiksborg Slot, Møntportvej 2, Hillerød, Tel. 48 26 75 16, www.leonora.dk. Im Schlossgasthof kann man zu Mittag dänische Frokost-Spezialitäten mit Blick auf den kleinen Schlosssee genießen.

5 Korsør

Brückenkopf an Seelands Westküste.

Jahrhundertelang war das Leben in Korsør vom Hafen bestimmt, von dem aus Fähren über den Großen Belt führten. Mit dem Bau des **Storebæltforbindelsen**, einer 18 km langem Brücke, die die Meerenge zwischen Fünen und Seeland überspannt, hat sich das grundlegend geändert. Heute fahren die Autos an Korsør vorbei. Was für den Hafen einen Verlust bedeutet, ist für Besucher ein Gewinn.

Im einstigen Gasthof *Kongegården*, einem Mitte des 18. Jhs. umgebauten Rokokogebäude, ist heute das kleine Kunstmuseum **Kongegården** (Algade 25, Tel. 58 37 78 90, www.kongegaarden.dk, tgl. 11 bis 16, Mi 11–20 Uhr) untergebracht. Es zeigt Werke des Bildhauers Harald Isenstein (1917–1980), der als Jude während der Besatzung vor dem Zugriff der Nazis fliehen musste. Als Überbleibsel einer mittelalterlichen Festung bewacht der 24 m hohe Turm **Korsør Søbatteri** die alte Hafeneinfahrt. Er stammt weitgehend aus dem 14. Jh., doch datieren seine ältesten Teile bis ins 12. Jh. Das **By og Overfahrtsmuseum** (Søbatteriet, Tel. 58 37 47 55, www.byogoverfartsmuseet.dk, April bis Ende Dez. Di–So 11–16 Uhr) zeigt Modelle von Handelsschiffen und Eisbrechern sowie Einrichtungsgegenstände alter Fähren.

Nördlich und südlich von Korsør laden kilometerlange, kinderfreundliche **Strände** zum Baden ein.

i Praktische Hinweise

Information
Korsør Turistbureau, Nygade 7, Korsør, Tel. 70 25 22 06, www.visitsydvestsjaelland.dk

Camping
Storebælt Camping & Feriecenter, Storebæltsvej 85, Korsør, Tel. 58 38 38 05, www.storebaeltferiecenter.dk. Neuerer Platz mit weitem Blick auf Meer und Beltbrücke, schöner Badestrand.

Hotel
***Best Western Hotel Jens Baggesen**, Batterivej 3–5, Korsør, Tel. 58 35 10 00, www.hotel-jens-baggesen.dk. Gemütliches Hotel, pittoresk in ehem. Speichergebäude im Zentrum gelegen.

6 Trelleborg

Wikingerromantik nahe dem Store Bælt.

 7 km nördlich von Korsør liegt bei dem Dorf Trelleborg **Vikingeborgen** (Trelleborg Allé 4, Slagelse, Tel. 58 54 95 06, www.vikingeborg.dk, April/Mai und Sept./Okt. Di–So 10–16, Juni–Aug. Di–So 10–17 Uhr), eine historische, teils rekonstruierte Wikingerburg aus dem 10. Jh. Als großer Kreis umschließt ein 6 m hoher Ringwall, der zu Zeiten von Harald Blauzahn vor 1000 Jahren mit Palisaden befestigt war, einen ca. 7 ha großen Innenbereich. Zwei Wege durchquerten ihn, mündeten am Wall jeweils in ein befestigtes Eingangstor. Die Pfade kreuzten sich in der Mitte und schufen so vier Quadranten, in jedem standen vier aus Holz erbaute Langhäuser. Eines von ihnen wurde nach den Ausgrabungen 1934–42 rekonstruiert und ist zu besichtigen. Bis zum Niedergang der Wikingerburg um 1050 lebten hier rund 1000 Menschen: Krieger, Frauen und Kinder. Heute füllt sich die Anlage im Sommer erneut mit Leben: Kinder können sich beim Bogenschießen versuchen oder es laden historisch gekleidete Handwerker Besucher zum Mitmachen ein.

So trieben es die alten Wikinger: Lagerleben in der Vikingeborgen bei Trelleborg

6 Trelleborg

ℹ Praktische Hinweise

Restaurant

Støvlet Katrines Hus, Slagelsevej 63, Sorø, Tel. 57 83 50 80, www.stovletkatrineshus.dk. Bürgerliche dänische Küche, solide zubereitet und serviert unter ausladendem Reetdach (1. So i. Monat Lunch).

7 Næstved

Der historische Handelsplatz ist heute viel besuchte Einkaufsstadt.

Die Hafen- und Industriestadt (42 000 Einw.) an der Mündung von Dänemarks längstem Fluss, der Suså, war schon als mittelalterliches *Naestveth* Kreuzungspunkt von Handelswegen. Entstanden war der Ort im 12. Jh. um das 1135 gegründete Benediktinerkloster Skovkloster.

Ein Spaziergang durch Næstved ist stimmungsvoll. Mittwochs bauen Händler und Bauern bereits früh morgens ihre Stände auf dem zentralen *Akseltorv* zum großen **Markt** auf. Von hier aus kann man sehr schön durch das historische Stadtzentrum schlendern, vorbei an Giebel- und Fachwerkhäusern. Im *Helligåndshuset* aus dem 14. Jh. etwa ist das **Næstved Museum** (Ringstedgade 4, Di–Sa 10–14, So 10–16 Uhr, www.naestved-museum.dk) untergebracht. Seine mittelalterlichen Holzschnitzereien veranschaulichen die Kulturgeschichte der Region. Die Fassade des ehem. Gildesitzes **Apostelhuset** (16. Jh.) ist geschmückt mit geschnitzten Holzfiguren der zwölf Apostel, von denen jeder einen Gegenstand trägt, der auf sein Martyrium verweist. In der im Stil des 19. Jh. eingerichteten **Løveapoteket** nahebei kann man immer noch Heilkräuter aus eigenem Anbau erwerben.

Die **Skt. Peders Kirke** (Skt. Peders Kirkeplads, www.sct.pederskirke.dk, Sept.–Mai So–Fr 10–12, Juni–Aug. So–Fr 10–15 Uhr) südlich des Akseltorv gilt als älteste Kirche der Stadt und als größtes gotisches Gotteshaus Dänemarks. Sie wurde um 1250 noch als einschiffiger Bau begonnen, im 14. Jh. dreischiffig erweitert. Das Mittelschiff der *Stutzbasilika* steigt steil empor, ohne von Fenstern unterbrochen zu werden. Aus dem Mittelalter stammen auch *Wandmalereien* im Chor. Eine Szene zeigt König Valdemar Atterdag (1340–1375) mit seiner Frau Helvig kniend vor dem Thron Gottes. Nur wenige Kilometer entfernt befindet sich mit dem **BonBon-Land** (Gartnervej 2, 4684 Holmegaard, Tel. 55 53 07 00, www.bonbonland.dk, April bis Okt. unterschiedlich geöffnet, Ende Juni bis Anfang Aug. tgl. 10–19 Uhr) eine besondere Attraktion für Familien mit Kindern. Der Vergnügungspark bietet diverse Fahrgeschäfte für jedes Alter.

Ringsted

Bis ins 4. Jh. war die Siedlung 25 km nördlich von Næstved *Thingstätte*, Versammlungs- und Gerichtsort. Daran erinnern auf dem Marktplatz drei mannshohe aufgerichtete Steine, die sog. **Tingstene**.

Ab dem 12. Jh. bildete die **Sct. Bendts Kirke** (Sct. Bendsgade, sctbends.kirke.dk, Mai–Mitte Sept. tgl. 10–17, sonst 13–15 Uhr) den Mittelpunkt von Ringsted. König Valdemar I. hatte die Kirche 1170 als Teil einer Benediktinerabtei auf den Grundmauern der Grabeskirche des heilig gesprochenen Herzogs Knud Lavard errichten lassen. Der Backsteinbau wurde zur Königsgrablege der Valdemar-Dynastie, bis 1341 fanden Dänemarks Herrscher hier ihre letzte Ruhe. Unter ihnen befindet sich auch Dagmar, die 1212 verstorbene Gemahlin von Valdemar II., die in dänischen Volksliedern wegen ihrer Treue besungen wird. In einer Kapelle kann man ihre Grabbeigaben bewundern, liturgische Geräte und Schmuck. Im Chor und im Kirchenschiff zeigen Malereien aus dem 14. Jh. Szenen aus der Bibel sowie König Erik IV. (1216–1250) und seine Frau Agnes. Auch das aus dem Eichenholz geschnitzte *Chorgestühl* von 1420 mit Bibelszenen und Benediktinerwappen sollte Beachtung finden.

ℹ Praktische Hinweise

Information

Næstved-Egnens Turistbureau, Sct. Peders Kirkeplads 14, 4700 Næstved, Tel. 55 72 11 22, www.visitnaestved.com

Camping

De Hvide Svaner Camping, Karrebækvej 741, Karrebæksminde, Tel. 55 44 24 15, www.dehvidesvaner.dk. Große, gut ausgestattete Anlage am Karrebæk Fjord, mit Spielplätzen und beheiztem Pool (nur im Sommer benutzbar).

Hotels

******Kirstine**, Købmagergade 20, Næstved, Tel. 55 77 47 00, www.hotelkirstine.dk. Romantische Herberge mit gutem Restaurant in einer Stadtvilla von 1746.

8 Lolland

In Nysted auf Lolland hat dieser Fischer seine Reusen zum Trocknen aufgespannt

*****Hotel Vinhuset**, Sct. Peders Kirkeplads 4, Næstved, Tel. 55 72 08 07, www.hotelvinhuset.dk. Historisches Haus in der Stadtmitte.

Restaurant

Vinhuskælderen, Sct. Peders Kirkeplads 4, Næstved, im Hotel Vinhuset, Tel. 55 72 08 07, www.hotelvinhuset.dk. Empfehlenswertes Hotelrestaurant, für Atmosphäre sorgt das urige Kellergewölbe.

8 Lolland

Ländliche Ferienidylle mit Safaripark an der Vogelfluglinie.

Der Südspitze von Seeland sind die drei kleinen Inseln Lolland, Falster und Møn vorgelagert, die alle untereinander durch Brücken verbunden sind. Wer von Deutschland aus nach Dänemark reist, wählt zur Anreise oft den kürzesten Weg entlang der **Vogelfluglinie**, nämlich mit der Fähre von Puttgarden über den Fehmarnbelt ins lolländische Rødbyhavn. Auf der Insel offenbaren sich um die zentrale kleine **Seenlandschaft** von **Maribo** beim *Søndersø* und entlang der von **Sandstränden** gesäumten Südküste viele Gründe, den Aufenthalt zu verlängern. Segler wissen das längst, schätzen sie doch beim *Island Hopping* durch die ›dänische Südsee‹ die zahlreichen gut ausgestatteten Marinas rund um die Insel.

Bei Nysted im Südosten von Lolland fällt die zu Beginn des 14. Jh. entstandene Königsburg **Aalholm** ins Auge. Die von Gräben umgebene Anlage wurde einige Jahre als Museum genutzt, ist jetzt aber wieder privat bewohnt und daher nicht zu besichtigen. Zugänglich sind dagegen der umliegende **Christianslyst-Park** und einige Gebäude des benachbarten *Gut Stubberupgård*.

Beim **Knuthenborg Safaripark** im Norden Lollands (Zugang: Knuthenborg Allé, Maribo, Tel. 54 78 80 89, www.knuthenborg.dk, Ende Apr.–Mitte Okt ab 10 Uhr, wechselnde Schlusszeiten) wechselt die Landschaft von Wäldern und Feldern zu künstlich angelegter afrikanischer Savanne und sibirischer Steppe. Der Park hat eine Fläche von 600 Hektar. Angelegt hat ihn 1969 der afrikabegeisterte Graf Adam Knuth. Die ersten Wildtiere, die der Adelige nach Dänemark umsiedeln ließ, waren Zebras, Antilopen und Strauße, heute leben auf dem weitläufigen Areal knapp 1000 Tiere, darunter sogar Tiger. Besucher können den Park vom PKW und Bus aus erkunden, häufig sogar das Auto verlassen und die Tiere aus nächster Nähe und ohne störende Zäune beobachten. Kinder sind trotz dieser spektakulären Begegnungen jedoch oft mehr von Streichelzoo und Ponyreiten begeistert.

8 Lolland

Neugierig beäugt diese Giraffe des Knuthenborg Safariparks das Besucherfahrzeug

Praktische Hinweise

Information
www.visitlolland-falster.com – **Maribo Turistbureau**, Torvet 1, Maribo, Tel. 54 78 04 96 – **Info Café Nysted**, Adelgade 61, Nysted, Tel. 24 79 92 76 (nur im Sommer) – **Nakskov Turistbureau**, Axeltorv 3, Nakskov, Tel. 54 92 21 72

Fähren
Scandlines A/S, Færgestationsvej 5, Rødby, Tel. 33 15 15 15, www.scandlines.com. Autofähre zwischen Rødby und dem deutschen Puttgarden/Fehmarn sowie von Spodsbjerg nach Tårs auf Langeland.

Camping
Nysted Camping, Skansevej 38, Nysted, Tel. 54 87 09 17, www.nysted-camping.dk. Komfortable grüne Anlage mit Kinderspielplatz direkt am Meer.

Hotels
***Oreby Mølle**, Orebygaard 4, Sakskøbing, Tel. 21 59 04 88, www.orebymolle.dk. Bed & Breakfast in historischem Backsteinbau am Sakskøbing Fjord.

****Lalandia**, Rødby, Tel. 54 61 05 05, www.lalandia.dk. Größter Ferienpark Nordeuropas mit hübschen Ferienhäusern am Strand, diversen Sportmöglichkeiten und einem Erlebnisbad.

Restaurant
Svanen, Vestergade 29, Maribo, Tel. 54 78 10 11, www.maribo-soepark.dk. Gute Fisch- und vegetarische Gerichte.

9 Falster

Strände und Ferienhäuser prägen Dänemarks ›grüne Insel‹.

Die in weiten Teilen von Feldern bedeckte Insel wird entlang ihrer Ostküste von größeren Waldgebieten, einer Steilküste und weißen Sandstränden begrenzt. Bei dem Ort **Marielyst**, einem Strandparadies im Südosten, kommen Wasserratten voll und ganz auf ihre Kosten. Viele Urlauber genießen ihre ›schönsten Wochen des Jahres‹ auf Falster in einem der 5000 Ferienhäuser im Hinterland der Küste oder in Wohnwagen und Zelten auf Campingplätzen.

Nykøbing, die Inselhauptstadt, liegt direkt am *Guldborgsund*, der Falster von Lolland trennt. Vom einstigen Wasserturm, dem 32 m hohen **Nykøbing Vandtårnet** (Hollands Gård 30, Mo–Fr 11–16 Uhr), reicht die Aussicht weit über Stadt und Sund. Unübersehbar ist der graue Klotz einer Zuckerfabrik, in der Zuckerrüben von beiden Inseln verarbeitet werden. In der Innenstadt lohnen einige ältere Gebäude eine genauere Betrachtung, etwa *Staldgårds Porten*, die Kornkammer aus dem 18. Jh. in der Slotsgade 30, der im Renaissancestil erbaute *Rimestersgård* in der Store Kirkestræde oder einige Gebäude in der Langgade. Unter diesen befindet sich mit der Hausnummer 2 das Fachwerkhaus **Czarens Hus**, in dem 1716 Zar Peter I. auf der Reise nach Kopenhagen kurz abstieg. Heute beherbergt das historische Gebäude ein Restaurant und das kleine *Inselmuseum* mit angeschlossenem Kunstzentrum (Tel. 54 84 44 00, www.museumlollandfalster.dk, Di–Fr 11–16, Sa 10–15 Uhr).

Die 1482 am zentralen Kirkepladsen aus rotem Backstein erbaute gotische **Gråbrødekirke** war ursprünglich als Klosterkirche eines zwischenzeitlich aufgelösten Franziskanerkonvents geplant. Im Inneren des einschiffigen Gotteshauses sind vor allem die Grabmale interessant. Eines ziert eine 1622–26 entstandene mecklenburgische Ahnentafel, die fünf Generationen zurück reicht, ein anderes ein von Lucas Cranach d. Ä. gemaltes Porträt aus der Zeit um 1450. Seitlich hinter der Kirche ist ein kleiner Heilkräutergarten angelegt, der zu einer beschaulichen Rast einlädt.

 Eine besondere Attraktion ist beim Ortsteil Sundby das **Middelaldercentret** (Ved Hamborgskoven 2,

Nykøbing, Tel. 54 86 19 34, www.middelalderscentret.dk, Juli–Mitte Aug. tgl. 10–17, Juni und Mitte Aug.–Ende Sept. und Mitte Okt. tgl. 10–16 Uhr). Auf dem Areal werden die Lebensbedingungen im Mittelalter nachgelebt und erforscht. Im Sommer kann man einem Schmied über die Schulter schauen, als Gast bei Ritterturnieren zusehen oder miterleben, wie mächtige Wurfmaschinen ganze Felsbrocken in Befestigungen schleudern.

ℹ Praktische Hinweise

Information
www.visitlolland-falster.com – **Nykøbing/Falster Turistinformation**, Færgestræde 1 A, Nykøbing F., Tel. 54 85 13 03 (nur im Sommer) – **Marielyst Turistinformation**, Marielyst Velkomstcenter, Marielyst Strandpark 3, Væggerløse, Tel. 54 13 62 98 (Zi.mmer- und Ferienhausvermittlung)

Fähre
Scandlines, Jernbanevejen 13, Gedser, Tel. 33 15 15 15, www.scandlines.com. Autofähre zwischen Gedser und Rostock (BRD); die Fahrt dauert ca. 2 Std.

Hotel
*****Nykøbing Vandrerhjem**, Østre Allé 110, Nykøbing, Tel. 54 85 66 99, www.danhostel.dk/nykoebingfalster. Jugend- und Familienherberge im Grünen.

Einmal Ritter sein – im Middelaldercentret auf Falster wird ein Kindheitstraum wahr

Camping
Ulslev Strand, Strandvejen 3, Idestrup, Tel. 54 14 83 50, www.ulslev.dk-camp.dk. Komfortabler Platz in einem Landschaftsschutzgebiet an der Steilküste, über die Treppen zum feinen Sandstrand führen.

Restaurants
Czarens Hus, Langgade 2, Nykøbing, Tel. 54 85 28 29, www.czarenshus.com. In diesem traditionsreichen Restaurant speiste einst sogar Zar Peter I. (So/Mo geschl.).

Die ›dänische Südsee‹ zwischen Fünen und Falster ist beliebt bei Sport- und Freizeitseglern

9 Falster

Den Gyldne Svane, Ved Hamborgskoven 2, Middelaldercentret bei Nykøbing, Tel. 54 86 19 34, www.middelaldercentret.dk. Geboten werden Gerichte aus der Zeit von 1300 bis 1500 in mittelalterlichem Ambiente bei Kerzenschein (Öffnungszeiten s. Middelaldercentret).

10 Møn

Bade- und Seglerparadies mit Weitsicht von der steilen Klippenküste Store Klint.

Dramatisch stürzen die schneeweißen *Kalksteinklippen* im Osten der Insel Møn 140 m in die Tiefe, oben gesäumt von lichten Buchenwäldern. Spazierwege führen nahe der Abbruchkante entlang und geben immer wieder herrliche Ausblicke auf die hellen Klippen und die scheinbar endlose Ostsee frei. Die 7 km lange Küste **Møns Klint**, die die Insel nach Osten begrenzt, kann man auch an der Wasserlinie entlang folgen und märchenhafte Ausblicke genießen. Das *Geocenter Møns Klint* (Stengårdsvej 8, Borre, Tel. 55 86 36 00, www.moensklint.dk, Ostern–Okt. tgl. 10 bis 17/18 Uhr) informiert über die Entstehung der Kreidefelsen. Hans Christian Andersen (1805–1875) ließ sich von der harmonischen, doch abwechslungsreichen Landschaft inspirieren und schrieb in dem kleinen, reetgedecken Lustschlösschen *Liselund* zwei Märchen.

Im Süden von Møn formt die **Hjelm Bucht** einen sanften Bogen, die dortige Marina von *Klitholm Havne* gilt als Treffpunkt sportlicher Segler. Im Westen, beiderseits der Hauptstraße nach Seeland, liegt die Inselhauptstadt **Stege**, der 1268 die Stadtrechte verliehen wurden. Hier lebt rund ein Drittel der insgesamt 12 000 Insulaner. Mit dem Bau der **Stege Kirke** (Kirkepladsen, April–Sept. Di–Sa 9–17) war bereits um 1250 begonnen worden. Doch der ursprünglich einschiffige romanische Bau wurde im späten 15. Jh. um einen dreischiffigen Chor erweitert und mit naiven Kalkmalereien an der Decke ausgeschmückt. Noch heute ist beispielsweise eine Jagdszene mit Hase, Fuchs und Hunden zu sehen. Das kleine **Møn Museum** (Empiregården, Storegade 75, Di–Do 10–15, Fr bis 13 Uhr) am östlichen Rand der Altstadt informiert anhand von Alltagsgegenständen und Kleidung über die Inselgeschichte.

Drei einsam stehende Kirchen auf Møn bergen fantasievolle, stilistisch verwandte **Fresken** von naiver Schönheit. Die ältesten Darstellungen stammen aus der Zeit um 1350, die übrigen aus dem folgenden Jahrhundert. Nach der Kirche, in der die lange Zeit übermalten Fresken bei einer Restaurierung 1885–87 erstmals wieder gefunden wurden, nennt man

Mit spektakulären Formen beeindrucken die Kreidefelsen von Møns Klint auf der Insel Møn

den oder die Künstler **Elmelunder Meister**. Es handelt sich dabei um die östlich von Stege gelegene **Elmelunde Kirke** (Klinevej, Elmelunde, tgl. 8–16 Uhr) aus dem späten 11. Jh., in der Szenen aus dem Neuen Testament wie der Einzug Christi nach Jerusalem oder seine Geißelung dargestellt sind. In der reich geschmückten **Keldby Kirke** (Præstegårdstræde 1, Keldby, April–Sept. tgl. 8–16.45, Okt–März bis 15.45 Uhr) weiter im Inselnorden, die um 1250 aus Backstein zwischen Stege und Elmelunde erbaut wurde, kann man im Gewölbe eine Darstellung von Joseph ausmachen, der dem Jesuskind Grütze zubereitet. Das Innere der **Fanefjord Kirke** (Fanefjord Kirkevej, Fanefjord, tgl. 8–18 Uhr) im Südwesten von Møn zeigt Szenen vom Kindermord zu Bethlehem oder der Anbetung der Heiligen Drei Könige, außerdem den hl. Georg als Drachentöter und viele weitere Heiligendarstellungen. Nicht weit von diesem Kirchlein entfernt, an einer von Feldern gesäumten Nebenstraße zwischen Røddinge und Koster, zeigt das etwa 5000 Jahre alte Ganggrab **Kong Asgers Høj** mit einer 10 m langen Grabkammer, dass Møn schon seit langer Zeit besiedelt ist.

Im Nordwesten breiten sich bei **Ulvshale** die schönsten Strände und Dünen der Insel aus. Vorgelagert ist **Nyord** mit seinem urwaldartigen Baumbestand und den küstennahen Feuchtgebieten, einem Brutrevier Tausender Wasservögel. Die Insel und ihre beschauliche gleichnamige Siedlung, deren paradiesische Ruhe nichts stören zu können scheint, ist über eine Brücke von Møn aus erreichbar.

🛈 Praktische Hinweise

Information

Møns Turistbureau, Storegade 2, Stege, Tel. 55 86 04 00, www.visitmoen.dk

Sport

Cykeludlejning, Strandvej 1, 4872 Idestrup, Tel. 54 14 83 50. Leihräder für eine empfehlenswerte Inselrundfahrt.

Einkaufen

Imerco, Storegade 43, Stege, Tel. 55 81 44 40, www.imerco.dk. Geboten wird ein breites Sortiment inseltypischer Souvenirs und Haushaltswaren.

Keramik, Poststr. 1, Ny Borre, Tel. 55 81 28 38. Geschmackvolle Keramik im Ostteil der Insel, nicht weit von der Klippe und Klintholm Havn.

Mittelalterliche himmlische Weihnachtsgeschichten an der Decke der Fanefjord Kirke

Camping

Ulvshale Camping, Ulvshalevej 236, Stege, Tel. 55 81 53 25, www.ulvscamp.dk. Bewaldeter Gemeindeplatz am schönsten Dünenstrand der Insel in abwechslungsreichem, naturbelassenen Gelände (April–Anfang Okt.). Auch Radverleih.

Hotels

***Præstekilde Kro & Hotel, Klintevej 116, Keldby, Stege, Tel. 55 86 87 88, www.praestekilde.dk. Schlichte, ordentliche Zimmer und die Nähe zum Møns Golf Course in Klintevej machen den Krug zur Anlaufadresse für Golfer.

**Ferienhotel Østersøen, Klintholm Havn, Tel. 55 81 90 55, www.danland.de. Die geschmackvolle Apartmentanlage erstreckt sich rings um die muntere Seglermarina.

Restaurants

Gourmet Gaarden, Storegade 68, Stege, Tel. 55 81 17 00, www.gourmetgaarden.com. Gemütliches Restaurant im Zentrum, geboten wird dänische Küche mit französischen Akzenten (So/Mo geschl.).

Kaj Kok, Klintevej 151, Landsled, Tel. 55 81 35 85, www.kaj-kok.dk. Dänische Kost und das Smørrebrød der Insel (Okt.–April Mo/Di geschl.).

Klintholm Røgeri, Thyravej 25, Klintholm Havn, Tel. 55 81 92 90, www.klintholm-røgeri.dk. Gute Fischgerichte und tolles Buffet in der ehemaligen Räucherei.

Bornholm – Perle der Ostsee

Gern erzählt man sich auf Bornholm folgende Geschichte: Nachdem Gott Skandinavien geschaffen hatte, sammelte er die schönsten Dinge des Nordens in seiner Hand, klares Licht, sanfte Dünen, bizarre Klippen, wogende Getreidefelder, dichtgrüne Wälder – und daraus formte er Bornholm. Nicht nur die 45 000 Bornholmer, auch viele Besucher sind der Meinung, dass sich die **Schöpfungsgeschichte** der 588 km² großen Insel so abgespielt haben könnte. Geologen dagegen sprechen nüchtern von den Überresten einer 1700 Mio. Jahre alten Gebirgskette, deren höchste **Granitbuckel** heute einige Dutzend Meter über die Wasseroberfläche der Ostsee hinausgucken.

Entlang der 140 km langen Küste von Bornholm liegen idyllische **Fischerorte** wie Neksø oder Allinge, in deren Räuchereien Heringe zu köstlichen goldbraunen *Bornholmern* heranreifen, die bekannteste kulinarische Spezialität der Insel neben dem legendären, auf der Insel hergestellten und nach einem putzigen Kobold benannten *Krølle Bølle Softeis*. Das ganzjährig milde **Seeklima** lässt im Sommer Feigen, Walnüsse und Maulbeeren gedeihen. Außerdem ist die weite Dünenlandschaft bei **Dueodde** im Süden mit einem der schönsten Strände Europas ein Badeparadies, dessen größter Teil bereits seit 1936 unter Naturschutz steht.

Bornholm war bereits früh besiedelt, die Entstehung erster menschlicher Spuren wird auf 10 000 v. Chr. datiert. Von der Wikingerzeit zeugen auf der ganzen Insel **Dolmen** und **Runensteine**. Teils mehr als 1200 Jahre alt sind die Bautasteine, die zur Erinnerung an Verstorbene gesetzt wurden. Jahrhundertelang war das Eiland wegen seiner strategischen Lage von Wikingern, Piraten, Schweden, Dänen begehrt, und auch die Hanse versuchte, hier dauerhaft Fuß zu fassen. Vier **Wehrkirchen** und die Burgruine von **Hammershus** ganz im Norden sind beredte Zeugen dieser bewegten Vergangenheit.

Malerische Ferienhäuschen zwischen grünem Land und blauem Meer

Verträumt schaukeln Fischer- und Segelboote nebeneinander im malerischen Hafen von Rønne

11 Rønne

Charmante Inselhauptstadt und betriebsames Dienstleistungszentrum.

Rønne ist das Tor zur Insel Bornholm, denn hier liegt sowohl der **Fährhafen** der als auch der **Lufthavn**, der von Kopenhagen und im Sommer auch von Deutschland aus angeflogen wird.

Bereits seit dem Mittelalter ist Rønne als geschäftiger **Warenumschlagplatz** bekannt. Heute ist die Inselhauptstadt mit ihren rd. 14 000 Einwohnern Verwaltungszentrum und Verkehrsknotenpunkt der Insel, alle wichtigen öffentlichen Einrichtungen versammeln sich hier. Geschäfte, Galerien, Cafés und Restaurants findet man rund um die lebhaften Plätze **Lille Torv** und **Store Torv**. Im **Bornholms Museum** (Sct. Morten Gade 29, Tel. 56 95 07 35, www.bornholmsmuseum.dk, Jan.–Mitte Mai Mo–Fr 13–16, Ende Mai–Juni und Sept.–Mitte Okt. Mo–Sa 10–17, Ende Okt.–Dez. Sa 11–15, Juli–Aug. tgl. 10–17 Uhr) östlich vom Store Torv wird anhand archäologischer Exponate die Seefahrer-, Fischer- und Bauerntradition der Insel dokumentiert. Anders als im restlichen Dänemark gab es auf Bornholm keine adligen Großgrundbesitzer, das Land wurde ausschließlich von freien Bauern bestellt. Die Sammlung zeigt auch einige Hundert *Goldgubber*, hauchdünne, geprägte Goldplättchen aus der Bronzezeit, die man bei Svaneke im Inselosten gefunden hat und die wahrscheinlich als Opfer- und Grabbeigaben verwendet wurden.

Vom Store Torv geht es entlang der Einkaufsstraße *Snellemark* Richtung Hafen. Am **Havnebakken** reckt sich ein schlanker, hell gestrichener, achteckiger Leuchtturm unübersehbar in die Höhe. Schräg dahinter überragt der spitze Kupferturm der im 14. Jh. erbauten **Sct. Nicolaikirke** die roten Dächer der Häuser. Das aus dem 13. Jh. stammende Gotteshaus gilt als Wahrzeichen von Rønne, es wurde jedoch im Jahr 1918 durch einen Umbau stark verändert. Im Inneren des kreuzförmigen Kirchenschiffs erinnern Reste von Freskomalereien, ein gotländischer Taufstein von 1350 und ein gotisches Taufbecken noch an den ursprünglichen Bau. In den schmalen, malerischen Gassen rund um den malerischen Kirchplatz bis zum kopfsteingepflasterten Rønne Gård sind viele ältere Gebäude erhalten, überwiegend aus dem 18. und 19. Jh., darunter gemütliche Backsteinfachwerkhäuser.

Südlich vom Hafen imponiert die Befestigung **Kastellet** mit ihrem mächtigen Rundturm. König Christian V. ließ sie 1687 zur Abwehr der Schweden errichten. Daneben sind in gut erhaltenen ehem. Magazinräumen im **Forvarsmuseet** (Arsenalvej 8, Mitte Mai–Sept. Di–Sa 10–16 Uhr) alte Waffen und Modelle von Verteidigungsanlagen zu sehen. Historische Dokumente berichten von der wechselvollen Geschichte Bornholms und von dänischen, schwedischen sowie hanseatischen Machthabern, die später deutsche und sowjetische Besatzer ablösten.

Ausflüge

In der Ortschaft **Nyker**, etwa 8 km nordöstlich von Rønne, steht die kleinste der vier Bornholmer Rundkirchen. Ihre Außenmauern sind festungsartig verstärkt, was den wehrhaften Charakter unterstreicht – Rundkirchen dienten der Verteidigung. Die **Ny Kirke** entstand wahrscheinlich Ende des 12. Jhs. Eine massive steinerne *Mittelsäule* von 3 m Durchmesser ist umlaufend mit einem gotischen Fresko verziert, das die Passion Christi, seine Grablegung und Auferstehung zeigt. Die Säule trägt das weiß gekalkte und von außen mit dunklen Schindeln gedeckte Tonnengewölbe, das das etwa 18 m durchmessende runde *Schiff* überdacht. Von diesem Hauptraum gehen lediglich ein Vorraum sowie eine kleine Kapelle ab.

Weiter nördlich, an der Straße kurz vor dem Hafenstädtchen Hasle, findet man den **Brogårdsten**, den mit 2,70 m größten aller Bornholmer *Runensteine*. Gemäß seiner Inschrift ließ ihn um das Jahr 1100 ein gewisser Svenger für seinen Vater Toste, den Bruder Alvlak, seine Mutter und Schwestern errichten.

Praktische Hinweise

Information

Bornholms Velkomstcenter, Nordre Kystvej 3, Rønne, Tel. 56 95 95 00, www.bornholm.info

Fähren

Bornholmer Faergen, Dampskipskajen 3, Rønne, Tel. 70 23 15 15, www.faergen.dk. Rønne–Køge, Rønne–Sassnitz (BRD), Rønne–Ystad (Schweden).

Sport

Bornholms Cykeludlejning, Ndr. Kystvej 5, Rønne, Tel. 56 95 13 59, www.bornholmscykeludlejning.dk. Fahrradverleih.

Camping

Galløkken Camping, Strandvejen 4, 2 km südlich von Rønne Richtung Nexø, Tel. 56 95 23 20, www.gallokken.dk. Be-

Zeugen der Vergangenheit – immer wieder stehen steinzeitliche Menhire am Wegesrand

Wehrhafte Schale, sakraler Kern

Verteidigungsanlagen sollten sie sein, Vorratslager und Gotteshäuser. Im Mittelalter dienten sie sakralen Zwecken, aber auch dem Schutz der Gemeinde und ihrer Mitglieder vor Piratenüberfällen und den Angriffen anderer brandschatzender Horden. Von den sieben erhaltenen christlichen **Rundkirchen** Dänemarks stehen die vier schönsten auf Bornholm: die auch **Sct. Laurentius Kirke** genannte **Østerlars Kirke** südlich von Gudhjem, **Nylars Kirke** östlich von Rønne, **Ny Kirke** nördlich davon und die dem heiligen Olaf geweihte **Ols Kirke** südlich von Allinge. Sie hat mit etwa 16 m den geringsten Durchmesser, was sie jedoch durch ihre stolze Höhe von 30 m wettmacht.

Das Auffälligste an den im 12. und 13. Jh. entstandenen Rundkirchen Bornholms ist ihr mächtiger Turm mit dem oft sehr kleinen quaderförmigen Anbau. Eigentlich handelt es sich um ein Rundschiff mit bis zu 2 m dicken Außenmauern aus Granitquadern. Ihre **Kegeldächer** aus Holzschindeln erhielten die Türme erst im späten Mittelalter, ursprünglich waren sie mit **Flachdächern** versehen, die als Aussichtsplattformen und Kampfstationen eine effiziente Verteidigung, wahrscheinlich durch Bogenschützen, ermöglichten. Von unten wurde und wird das Kirchendach von einem massiven, mitunter freskierten **Mittelpfeiler** gestützt.

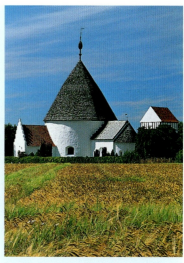

Rundkirche par excellence: die aus dem 12. Jh. stammende Ny Kirke bei Rønne

grüntes Gelände am Rande eines Wäldchens. Wenige Schritte zum Meer.

Hotels

****Radisson SAS Fredensborg Hotel**, Strandvejen 116, Rønne, Tel. 56 90 44 44, www.bornholmhotels.dk. Knapp 2 km südlich vom Hafen, sehr hübsch an einer bewaldeten Steilküste gelegen.

****Skovly**, Nyker Strandvej 40, Rønne, Tel. 56 95 07 84, www.hotel-skovly.dk. Familienhotel, auch mit Ferienwohnungen, im Naturschutzgebiet, nur 150 m vom Strand. Nettes Sommerrestaurant im Haus.

Restaurants

De 5 Stâuerna, im Fredensborg Hotel, Strandvejen 116, Tel. 56 90 44 44, www.bornholmhotels.dk. Virtuose Bornholmer Küche mit viel Fisch und mit exquisiten Lammgerichten.

Victoria, Ndr. Kystvej 34, Tel. 56 90 42 44, www.bornholmhotels.dk. Nordische Küche im Hotel Griffen. Terrasse mit Blick über Marina und Meer.

12 Allinge

Einladende Sommerfrische im Schatten einer mächtigen Burgruine.

Längst sind die beiden **Seebäder** Allinge und Sandvig an der Nordspitze von Bornholm zu einem **Doppelort** (1700 Einw.) zusammengewachsen. Die hier an sich felsige Küste säumen zahlreiche kleine Sandbuchten, die Sandvig zu seinem Namen verholfen haben, und laden zum Ostseebad ein. Allinge ist die bedeutendere der beiden Siedlungen. Im Ortszentrum um den Hafen findet man noch einige schöne historische Bauten, etwa Hotels aus der Wende vom 19. zum 20. Jh., respektable Wohnhäuser von Heringshändlern (18. Jh.) und natürlich die beliebte Heringsräucherei *Nordbornholms Røgeri* (Kæmpestranden 2, Tel. 56 48 07 30, www.nbr.dk) mit ihren charakteristischen Kaminschloten.

Zwischen den beiden Ortsteilen zeigt bei Mellembyerne ein Wegweiser landeinwärts zum **Madsebakke**, einem flachen Granitblock mit zahlreichen, zum

Allinge

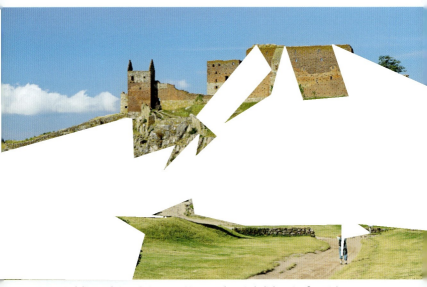

Heute sind die mächtigen Ruinen von Hammershus ein beliebtes Ausflugsziel

Teil über 3000 Jahre alten Felszeichnungen und -ritzungen, der wenige Hundert Meter von der Küstenstraße entfernt aufragt.

Einige Kilometer südlich von Allinge liegt die dem hl. Olaf geweihte **Ols Kirke** (Sommer Mo–Sa 9–12 und 14–17 Uhr). Ihr Rundturm hat den geringsten Durchmesser aller Bornholmer Rundkirchen und wirkt durch seine stattliche Höhe von 30 m besonders schlank. Innen sind ein romanischer Taufstein und eine kunstvoll geschnitzte Holzkanzel aus der Frührenaissance erhalten.

Hammershus

Südwestlich von Sandvig erhebt sich das selbst noch als Ruine gewaltige Hammershus auf einem Granitfelsen über der Küste. 1255 hatte der Erzbischof von Lund die massige *Burg* zur Sicherung seines Einflussbereiches sowie zur Kontrolle von Bornholm und der Ostsee südlich der Provinz Schonen errichten lassen. Das kleine Museum *Hammershus Udstillingen* (Tel. 56 48 24 31, Sommer tgl. 10–16 Uhr) in einem unscheinbaren Neubau an dem Weg zur Burgruine informiert über die Geschichte der einst mächtigen Felsenfestung. Bis zur endgültigen Aufgabe 1743 diente Hammershus noch als *Staatsgefängnis*, in den folgenden Jahrzehnten nutzten Bornholmer den verfallenden Bau dann als *Steinbruch*. 1822 stellte der dänische Staat die Ruine schließlich unter Denkmalschutz. Die teilweise bis zu vier Stockwerke aufragenden, aus Backstein gemauerten Reste der inneren Festung machen Hammershus zur größten mittelalterlichen Burgruine Nordeuropas.

Praktische Hinweise

Information

Allinge Turistbureau, Kirkegade 4, Allinge, Tel. 56 48 64 48, www.bornholm.info, www.allinge.bornholm.info (Mai–Sept.)

Camping

Lyngholt Familiecamping, Borrelyngvej 43 (Straße Richtung Hasle), Allinge, Tel. 56 48 05 74, www.lyngholt-camping.dk. Gepflegter, mit Hecken und Grünanlagen gegliederter Platz, im Sommer mit Pool. Anbei großer Spielplatz.

Hotels

**Hotel Hammersø, Hammershusvej 86, Sandvig, Tel. 56 48 03 64, www.hotel-hammersoe.dk. Wunderbare Lage direkt am Hammersee zwischen Burgruine und Sandvig, inmitten der Natur. Die modernen Zimmer sind alle mit Balkon oder Terrasse ausgestattet (Mai–Sept.).

Restaurant

Det Gamle Posthus, Kirkegade 8, Tel. 56 48 10 42, www.detgamleposthusallinge.dk. Phantasievolles Café-Restaurant im alten Posthaus.

Gudhjem

Heringshafen und Künstleridylle am Ostseestrand.

Gelbbraun und ockerfarben gestrichene Häuser ziehen sich terrassenförmig den **Bokul-Hügel** auf einem kleinen Landvorsprung an Bornholms Ostküste hinauf. Den 50 m hohen ›Gipfel‹ krönt eine mehr als 100 Jahre alte Windmühle, die längst nicht mehr in Betrieb ist. Am Fuß des Hügels weist ein Mastenwald die beiden benachbarten Hafenanlagen an der Felsküste aus, in denen Segelschiffe und Fischerboote ankern.

Das kleine Gudhjem gilt mit seinen verwinkelten Gassen und steilen Straßen vielen als schönster Ort von Bornholm. An manchen Sommertagen mag man nicht glauben, dass hier nur 1000 Einwohner leben, wenn sich Hunderte von Autos mit Tagesausflüglern aus anderen Teilen der Insel durch die Hauptstraße quälen. Gudhjems Aufstieg begann um 1911, als dänische **Künstler** die besondere Atmosphäre des Fischerdorfes entdeckten und sich hier von Licht und Meer inspirieren ließen. Das **Oluf Høst Museet** (Løkkegade 35, Tel. 56 48 50 38, www.ohmus.dk, Mai–Mitte Juni Di–So 11–17, Mitte Juni–Sept. tgl. 11–17 Uhr) ist dem bekanntesten unter ihnen gewidmet, dem in Svaneke geborenen Maler Oluf Høst (1884–1966), der fast 40 Jahre in diesem Haus gelebt hat. Viele seiner expressiven Bilder, die oft Landschaften, Gehöfte und Bewohner Bornholms zum Thema haben sind hier ausgestellt.

Helligdomklipperne

Ein wahres Kunstwerk der Natur sind die *Heiligdom-Klippen* bei Rø westlich von Gudhjem, an der Meeresküste aufragende, zerklüftete Granitfelsen, die landseitig in wie verwunschen wirkende, bewaldete Felsspalten übergehen. Im dortigen Døndal, dem Donnertal, stürzt der *Døndalfaldet* hinab, der mit 22 m zweithöchste Wasserfall Dänemarks.

Das Städtchen Gudhjem ist einer der anziehendsten Orte an Bornholms reizenden Gestaden

13 Gudhjem

Unmittelbar an den Klippen liegt der avantgardistische Bau des **Bornholms Kunstmuseet** (Otto Bruuns Plads 1, Tel. 56 48 43 86, www.bornholms-kunstmuseum.dk, Jan.–März, Nov./Dez. Do/Fr 13–17, Sa/So 10–17, April/Mai, Sept./Okt. Di–So 10–17, Juni–Aug. tgl. 10–17 Uhr). Die weißen, lang gezogenen Gebäudeelemente sind auf mehreren Ebenen angelegt, ein Turm überragt das Ensemble. Die hervorragende Gemäldesammlung des Museums konzentriert sich auf die Epoche 1850 bis 1950. Zu sehen sind u.a. Werke von Olaf Rude, Oluf Høst oder Michael Ancher, der als Skagenmaler [s. S. 122] bekannt wurde, aber auf Bornholm geboren ist. Gezeigt wird auch eine Kollektion von Glas- und Keramikobjekten aus heimischer Produktion. Darunter Werke der Glasbläser Maibritt Jönsson und Pete Hunner von *Baltic Sea Glass* (Melstedvej 47, Tel. 56 48 56 41, www.balticseaglass.com).

i Praktische Hinweise

Information

Gudhjem Turistbureau, Åbogade 9, Gudhjem, Tel. 56 48 52 10 (Mai–Sept.) www.gudjem.bornholm.info

Fähre

Christiansøfarten, Ejnar Mikkelsensvej 25, Gudhjem, Tel. 56 48 51 76, www.bornholmexpress.dk. Fahrten von Allinge, Gudhjem und Svaneke zu der vorgelagerten ›Erbseninsel‹ Christiansø (Mai–Sept. tgl., im Winter nur per Postschiff).

Camping

Strandlunden, Melstedvej 33–35, Gudhjem, Tel. 56 48 52 45, www.strandlundencamping.dk. Naturbelassenes Gelände mit Büschen bei kleiner Sandbucht zwischen den Klippen.

Hotels

**Melsted Badehotel, Melstedvej 27, Gudhjem, Tel. 56 48 51 00, www.melsted-badehotel.dk. Modernes Badehotel südlich von Gudhjem, mit netter Terrasse und exzellentem Restaurant.

**Pension Koch, Melstedvej 15, Gudhjem, Tel. 56 95 72 95, www.pensionkoch.dk. Zimmer und Ferienwohnungen in lichter Herberge mit großem Garten und Ostseeblick.

*Danhostel Gudhjem, Løkkegade 7, Gudhjem, Tel. 56 48 50 35, www.danhostel-gudhjem.dk. Einfaches Hotel, mitten im Ort gelegen und doch nur 50 m vom Meer entfernt.

Die ›Heiligdom-Klippen‹ westlich von Gudhjem erinnern an Mauern eines Gotteshauses

14 Østerlars

Die Werke in Bornholms Kunstmuseet sind durch das Meer und die Insellandschaft inspiriert

Restaurants

Lassen's Restaurant, Sdr. Strandvej 128, Rø, Tel. 56 48 42 10, www.strammershalle-badehotel.dk. Moderne Saisonküche in 100-jährigem Hotel.

Cafe Klint, Ejnar Mikkelsensvej 20, Tel. 56 48 56 26, www.cafe-klint-gudhjem.com. Kaffee, Kuchen und mehr, mit Terrasse direkt am Hafen.

14 Østerlars

Ländliche Ruhe um stattliche Rundkirche.

Man könnte das schmucke Dörfchen südlich von Gudhjem als unspektakulär bezeichnen, gäbe es da nicht die **TOP TIPP Østerlars Kirke** (www.oesterlarskirke.dk, April–Juni, Sept. Mo–Sa 9–17, Anfang–Mitte Okt. Mo–Sa 10–16, Juli, Aug. Mo–Sa 9–17, So 12.30–17 Uhr), Bornholms mächtigste Rundkirche. Bauern aus dem Umland errichteten die Flucht- und Wehrkirche im 12. Jh. aus Granitquadern, stützten den wuchtigen Turm mit sieben Pfeilern und weihten das Gotteshaus dem hl. Laurentius. Wächtergänge und Dach werden von einem mächtigen, fast 6,5 m durchmessenden Mittelpfeiler gestützt. Er ist ringsum mit Szenen aus dem Leben Christi und einem Bildnis vom Jüngsten Gericht freskiert. Die eindrucksvollen Bilder aus dem 14. Jh. gehören zu den bedeutendsten mittelalterlichen Malereien Dänemarks. Die eigentliche Besonderheit des Pfeilers besteht jedoch darin, dass er ausgehöhlt und mit Arkaden durchbrochen ist. Der so entstandene Raum wurde zu einer kleinen Taufkapelle umgestaltet.

Unweit nördlich vermittelt das **Middelaldercenter** (Stangevej 1, Østerlars, Tel. 56 49 83 19, www.bornholmsmiddelalder

Der mächtige Mittelpfeiler der Østerlars Kirke birgt eine kleine Kapelle

center.dk, Mai–Sept. Mo–Fr 10–16, Juli/Aug. auch Mo–Sa 10–17 Uhr) Eindrücke vom Leben im Zeitraum 1350–1450. Auf einem ausgedehnten Areal hat man Nachbildungen von Gebäuden dieser Epoche errichtet. Vor den Werkstätten werden alte Handwerkstechniken demonstriert, außerdem kann man Bogenschießen, es gibt eine funktionierende Wassermühle und Punkt 14 Uhr rollt der ohrenbetäubende Donner einer mittelalterlichen Kanone über die Insel.

15 Nexø/Neksø

Fischerort mit Dichtermuseum an der Bornholmer Riviera.

Entlang der Felsküste zwischen Gudhjem und Nexø ändert sich der Charakter der Insellandschaft. Die im Süden der Insel grünere Landschaft mit Wäldern, Wiesen und Äckern geht sanft in die Strände entlang der Küste über, die sich hier nicht so schroff darstellt wie bei den Klippen des Nordens. Während im Norden Granit als Untergrund vorherrscht, dominiert an Bornholms Ostküste gelblicher und rötlicher **Sandstein**.

Nexø hat zwar nur knapp 4000 Einwohner, ist aber größter Fischereihafen der Insel. Auch hier verkauft eine Räucherei am Hafen die köstlichen goldbraunen Räucherheringe *Bornholmer*. Sie wurden wohl schon vor mehr als 100 Jahren zubereitet, als der Schriftsteller Martin Andersen Nexø (1869–1954) hier lebte, der seinem Familiennamen den seiner Heimatstadt hinzufügte. **Andersen Nexø's Hus** (Fers-kesøstræde 36, Tel. 56 49 45 42, Ende Mai–Mitte Okt. Mo–Fr 10–16, Aug. auch Sa 10–14 Uhr) heißt auch das Museum, das in dem bescheidenen Elternhaus des sozialkritischen Autors zu seinem Gedenken eingerichtet wurde. Weltweite Bekanntheit erlangte er mit seinem Roman ›Ditte Menschenkind‹ (1917–21) sowie durch die erfolgreiche Verfilmung von ›Pelle der Eroberer‹ (1906–10) durch Bille August.

Svaneke

Eine malerische Hafenbucht mit restaurierten Kaufmannshöfen entlang des Kais, **Fachwerkhäuser** mit gepflegten Gärten, dazu eine holländische Bockmühle von 1634 auf dem Aussichtspunkt *Møllebakken* – Svaneke ist allemal einen Ausflug wert. In der Nähe des Ortes förderten Archäologen 2300 *Goldgubber* zu Tage – hauchdünne Goldplättchen aus der Bronzezeit. Teilweise waren sie als Figurenbilder mit Umrissen von Menschen und Tieren gestaltet, die vor etwa 2500 Jahren ins flache Edelmetall gestanzt wurden. Im *Bornholms Museum* in Rønne [s. S. 55] sind viele dieser wertvollen Grabbeigaben ausgestellt.

ℹ Praktische Hinweise

Information
Nexø-Dueodde Turistbureau,
Sdr. Hammer 2, Nexø, Tel. 56 49 70 79,
www.nexoe.bornholm.info

Camping
Hullehavn, Sydskovvej 9, Svaneke,
Tel. 56 49 63 63, www.hullehavn.dk. Von
Bäumen aufgelockertes Gelände zwischen Küstenstraße und Meer. (Mitte April–Mitte Sept.)

Hotels
******Strandhotel Balka Søbad**,
V. Strandvej 25, 3 km südlich von Nexø,
Tel. 56 49 22 25, www.hotel-balkasoebad.dk. Badehotel am Strand mit netten Zimmern in skandinavischem Dekor.

*****Siemsens Gaard**, Havnebryggen 9,
Svaneke, Tel. 56 49 61 49, www.siemsens.dk. Behaglich eingerichtete Zimmer in historischem Gasthof. Ausgezeichnetes Restaurant mit Cocktail-Lounge.

Restaurant
Bryghuset, Svaneke Torv 5, Svaneke, Tel. 56 49 73 21, www.svanekebryghus.dk. Beste lokal gebraute Biere und saisonale Küche im alten Kaufmannshaus aus dem Jahr 1750.

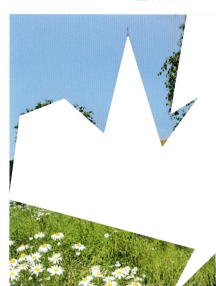

Blumenwiese mit Kirche – Svaneke auf Bornholm bietet reizvolle Fotomotive

16 Dueodde

 Weite Dünenlandschaft bildet einen der schönsten Strände Europas.

Der fast weiße Sand am 10 km langen und bis zu 100 m breiten **Strand** von Dueodde ist so fein, dass er früher für das Füllen von Sanduhren verwendet wurde. Damit ist allerdings Schluss, seit der gesamte **Dünengürtel** 1936 unter Naturschutz gestellt und kommerzieller Nutzung entzogen wurde. Feriengäste freilich dürfen sich nach wie vor an der riesigen Sandkiste an Bornholms **Südküste** erfreuen. Vor allem Familien mit Kindern schätzen außerdem, dass hier der Meeresgrund sanft abfällt, was risikoarmes *Baden* und Plantschen in der Ostsee erlaubt. Landeinwärts wird der fantastische Küstenstreifen von einem lichten Nadelwald begrenzt. Unmittelbar außerhalb des Landschaftsschutzgebietes haben sich einige Hotels angesiedelt. Vor allem aber gibt es mehrere *Ferienhauskolonien* und *Campingplätze*, die im Sommer von Familien mit Kindern gern besucht werden.

An der Südspitze der Insel ragt ein **Leuchtturm** (tgl. 10–17 Uhr) 47 m hoch auf. Wer sich nicht scheut, seine 197 Stufen

Kurze Ruhepause im Hafen von Neksø, bevor die Fischerboote nachts wieder auslaufen

Unbeschwertes Freizeitvergnügen entfaltet sich im Sommer am weiten Strand von Dueodde

emporzusteigen, hat einen besonders guten Blick über Küstenwälder und die scheinbar endlose Dünenkulisse.

Praktische Hinweise

Camping

Dueodde Vandrerhjem og Camping, Skrokkegårdsvejen 17, Dueodde, Tel. 56 48 81 19, www.dueodde.dk. Ebenes Gelände in lichtem Nadelwald am Sandstrand; es werden auch Familienzimmer und Wohnwagen vermietet (Mai–Sept.).

Hotels

******Dueodde Badehotel**, Sirenevej 2, Dueodde, Tel. 56 95 85 66, www.team bornholm.dk/dueodde. Komfortapartments im Kiefernwald vis-à-vis des Dünengeländes.

17 Aakirkeby

Alte Hauptstadt beim Wald von Almindingen, dem grünen Herzen der Insel.

Aakirkeby entwickelte sich im 11. und 12. Jh. um einen vorzeitlichen Kultplatz und bei der Thingstätte, an der bis ins Mittelalter hinein der Gerichtstag der Insel abgehalten wurde. Bis ins 16. Jh. stritten sich der Erzbischof von Lund und der dänische König um die Herrschaft über Bornholm, das erst von Aakirkeby, später von Hammershus und schließlich von Rønne aus regiert wurde. Aakirkeby ist bis heute der größte Ort im Inselinneren, ein aufgeräumtes Städtchen mit vielen blumengeschmückten Vorgärten.

Die einschiffige **Aakirke** entstand bereits im 12. Jh. als Stiftskirche des Erzbischofs von Lund. Ihr hoher, von dicken Mauern getragener *Turm* mit Doppeldach diente wohl hauptsächlich Verteidigungszwecken. Andere Bauteile, wie das *Rippengewölbe* im Chor, kamen erst im 14. Jh. hinzu, Renaissancealtar und -kanzel stammen aus dem 16. Jh. Zur Ausstattung zählt auch ein kostbares *Taufbecken* aus Sandstein, das der gotländische Steinmetz Sighruf um 1200 schuf. Eine Reihe alter Fresken fiel leider Mitte des 19. Jhs. einer ›Renovierung‹ zum Opfer.

Am südlichen Stadtrand befindet sich das ›Erlebniscenter‹ **NaturBornholm** (Grønningen 30, Tel. 56 94 04 00, www.naturbornholm.dk, April–Okt. tgl. 10–17 Uhr), in dem man dank neuester, interaktiver Technik eine virtuelle Reise in die Natur- und Entstehungsgeschichte der Insel unternehmen kann. Bilder, Töne, sogar Gerüche vermitteln einen packenden Eindruck z. B. von der Kälte der letzten Eiszeit vor ca. 15 000 Jahren oder von der Zeit vor etwa 140 Mio. Jahren, als hier ein Plesiosaurus durch tropische Sumpfwälder stapfte.

Nördlich von Aakirkeby erstreckt sich der rund 24 km^2 umfassende Forst von

Almindingen, heute das zweitgrößte zusammenhängende Waldgebiet Dänemarks. Er bedeckt auch den *Rytterknægten*; mit 162 m der höchste Punkt der Insel. Hier oben stand im Mittelalter die königliche *Lilleborg*, von der jedoch nur einige Ruinenreste übrig geblieben sind.

Nylars Kirke

Auf halbem Weg in die neue Inselhauptstadt Rønne, trifft man rechter Hand auf die einsam stehende **Nylars Kirke**, die dem hl. Nikolaus geweihte, vierte Rundkirche der Insel. Ihre Außenmauern zeigen Wurfgeschossspuren, die wahrscheinlich von Angriffen wendischer Piraten herrühren. Die Innenwände schmücken sehenswerte Kalkmalereien mit biblischen Szenen zu Schöpfung und Sündenfall.

Praktische Hinweise

Information

Sydbornholms Turistbureau, Torvet 30, Aakirkeby, Tel. 56 97 37 20, www.aakirkeby.bornholm.info

Restaurant

Kadeau, Baunevej 18, Vestre Sømark, Aakirkeby, Tel. 56 97 82 50, www.kadeau.dk. Das beste Restaurant der Insel war einmal eine Imbissbude.

Mehr als 800 Jahre alt ist das Taufbecken in Aakirkebys namengebender Aakirke

In der Waldeinsamkeit von Almindingen liegen friedliche Seen wie der Bastemose

Fünen – Märcheninsel mit prächtigem Segelrevier

Sanfte Hügel, eine buchtenreiche Küste, wogende Kornfelder, eingestreute Waldpartien, dazwischen beschauliche Dörfer und Kleinstädte – kein Wunder, dass Fünen so viele schmückende **Beinamen** trägt. ›Grünes Herz‹, ›Blumeninsel‹ oder ›Garten Dänemarks‹ wird das knapp 3500 km² große Fyn, so der dänische Name, oft genannt. In der Tat liefert die Landwirtschaft neben dem **Tourismus** den größten Beitrag zur Inselökonomie. Auch Seefahrt und Fischerei sind wirtschaftlich bedeutend, was nicht überrascht angesichts der insgesamt 1100 km langen Küste des Verwaltungsbezirks **Fyns Amt**. Zu ihm gehören außer der Hauptinsel noch **Tåsinge**, **Langeland** und **Ærø** sowie 90 weitere, zum Teil winzige Eilande. Die insgesamt rund 450 000 Einwohner nennen sich selbst *Fynbo*. Mehr als ein Drittel von ihnen lebt in **Odense**, der Regionalhauptstadt im Norden Fünens, die vor allem als Geburtsstadt des Dichters Hans Christian Andersen bekannt ist.

In ganz Fyns Amt trifft man auf gut erhaltene Zeugnisse der Vergangenheit: steinzeitliche **Ganggräber** auf Langeland, ein **Schiffsgrab** der Wikinger bei Ladby oder die mehr als 150 **Kirchen** aus romanischer und gotischer Zeit sowie aus der Renaissance. Allein auf Fünen kommen dazu über 100 Schlösser, Burgen und Herrensitze. Etwas übertrieben scheint dagegen die Bezeichnung **fünische Alpen** für die fruchtbare, leicht gewellte Moränenlandschaft im Südwesten der Insel mit dem 128 m hohen *Trebjerg* als höchster Erhebung. Hier müssen dann auch die vielen Zweirad-Urlauber einmal kräftiger in die Pedale treten, für die allein auf Fünen knapp 1200 km Fahrradwege ausgewiesen sind.

18 Odense

Kulturell vielfältige Inselhauptstadt und Heimat von Hans Christian Andersen.

Mit 168 000 Einwohnern ist Odense nach Kopenhagen und Aarhus die drittgrößte Stadt Dänemarks. Ihr Name entstammt grauer Vorzeit und weist auf eine **Wikingersiedlung** um ein Heiligtum für den nordischen Gott *Odin*. Schriftlich wird Odense erstmals in einem Dokument aus dem Jahre 988 als **Bischofssitz** erwähnt. Das Wachstum des regionalen Handelszentrums nahm in den folgenden Jahrhunderten weitgehend ungehindert seinen Lauf. Bedeutend war in dieser Hinsicht der Bau eines **Binnenhafens** im

Satt grün, traditionell und gemütlich präsentiert sich die Landschaft der Insel Fünen

18. Jh., den man über einen 7 km langen Kanal mit dem *Odense Fjord* und durch diesen mit der Ostsee verband. Die Hauptstadt von Fyns Amt präsentiert sich heute im Schnittpunkt gewachsener Handelswege als modernes **Verwaltungszentrum** und seit 1966 als lebendige Universitätsstadt mit einigen schönen alten Straßenzügen und Gebäuden im Zentrum.

Hans Christian Andersen begegnet man in Odense auf Schritt und Tritt: Straßen, Plätze, Parks und Museen sind nach dem berühmten Schriftsteller benannt, ebenso eine sommerliche Parade und die alljährlichen Festspiele. Geboren wurde er in einem der geduckten Häuschen im alten Handwerkerviertel am östlichen Altstadtrand. Heute erzählt in diesem **Hans Christian Andersens Hus** ❶ (Bangs Boder 29, www.museum.odense.dk, Juli, Aug. tgl. 10–17, sonst Di–So 10–16 Uhr) eine Ausstellung von Leben und Werk des Dichters. Sie wird ergänzt von einer Bibliothek mit seinen in 80 Sprachen übersetzten Werken. Hinzu kommen Kunstwerke, deren Entstehung durch Andersens Geschichten inspiriert wurde.

Nicht weit entfernt ehrt das **Carl Nielsen Museet** ❷ (Claus Bergs Gade 11, www.museum.odense.dk, Jan.–Apr. u. Sep. bis Dez. Do/Fr 15–19 u. Sa/So 11–15, Mai bis Aug. Mi–So 11–15 Uhr) den zweiten berühmten Sohn der Stadt, den Musiker Carl Nielsen (1865–1931), sowie seine Ehefrau, die Bildhauerin Anne Marie Nielsen. Die Sinfonien und Konzerte des bedeutendsten dänischen Komponisten werden noch immer auf den großen Bühnen der Welt gespielt, nicht zuletzt in dem *Odense Koncerthus* gleich beim Museum.

Südlich davon ist in einem stattlichen Fachwerkhaus, dem alten Münzhof aus dem 16. Jh., das **Bymuseet Møntergården** ❸ (Overgade 48, www.museum.odense.dk, Di–So 10–16 Uhr) untergebracht. Das ausgezeichnete Stadtmuseum bietet Ausstellungen über das Odense der Wikingerzeit und des Mittelalters mit Tausenden von Exponaten und Gerätschaften rund um Haus und Hof sowie einer 1000 Jahre umfassenden Münzsammlung.

Geht man über die Overgade nach Westen zurück ins Stadtzentrum, erreicht man schnell den viereckigen Platz **Flakhavn** ❹ beim lang gestreckten, 1883 im Stil des Historismus erbauten *Rathaus*. Der Ziegelbau wurde allerdings 1955 mit modernen Anbauten beträchtlich erweitert. Südlich des Platzes erhebt sich die mächtige, aus Backstein erbaute **Odense Domkirke** ❺ (Klosterbakken 2, www.odense-domkirke.dk, April–Okt. Mo–Sa 10–17, So 12–16, Nov.–März Mo–Sa 10–16, So 12–16 Uhr), die dem hl. Knud geweiht ist. In der Krypta des im 11. Jh. begonnenen Baus stehen die Särge des dänischen Königs Knud IV. des Heiligen, seines Bruders Benedict sowie weiterer dänischer Monarchen. Knud war, wie sein Bruder, bei einem Aufstand 1086 vor der hiesigen *Skt. Albanikirche* erschlagen worden und

schon kurz nach seinem Tod von der katholischen Kirche heiliggesprochen worden. Nach mehreren verheerenden Bränden wieder auf- und umgebaut, entstand Ende des 14. Jhs. der heutige dreischiffige Bau, eines der bedeutendsten gotischen Gotteshäuser Dänemarks. Als Kunstwerk von besonderem Rang gilt in seinem Inneren der vergoldete, riesige *Hochaltar*, den der Lübecker Bildschnitzer Claus Berg 1516–22 eigentlich für die Kirche des örtlichen Franziskanerklosters gefertigt hatte. Er zeigt figurenreich und detailfreudig den Leidensweg Christi und bringt auch mehrere Mitglieder der auftraggebenden Königsfamilie unter, betend vor Christus.

Hinter der Kirche zum Ufer des Flüsschens *Odense Å* erstreckt sich die Grünanlage **Andersenhave** ❻ mit einer Bronzestatue des Dichters. Im nahen **H.C. Andersens Barndomshjem** ❼ (Munkemøllestræde 3–5, www.museum.odense.dk, Jan.–Juni Di–So 11–15, Juli/Aug. tgl. 10–16, Sept.–Dez. Di–So 10–15 Uhr) verbrachte der spätere Schriftsteller die meisten Jahre seiner Kindheit, wie eine kleine Ausstellung in dem bescheidenen Häuschen dokumentiert.

Am westlichen Rand des Altstadtzentrums entfaltet sich auf dem Gelände einer früheren Textilfabrik mit Restaurants, Cafés, Geschäften, einem Kino und der Kulturinstitution **Brandts** ❽ (Brandts Torv 1, Tel. 65 20 70 01, www.brandts.dk) vielfältiges Leben. Gleich drei Museen (alle: Di, Mi und Fr–So 10–17, Do 12–21 Uhr) zeigen Handwerk-, Design- und Kunstexponate. Das **Danmarks Mediemuseet** etwa zeichnet die Entwicklung des grafischen Gewerbes vom Mittelalter bis heute nach, mit Schauwerkstätten, Buchbinderei, einer Rotationsdruckmaschine in Betrieb bis hin zu den elektronischen Medien der Gegenwart.

Das **Museet for Fotokunst** stellt die Arbeiten dänischer und ausländischer Meisterfotografen vor. Und schließlich sind in den **Kunsthallen Brandts** Wechselausstellungen vor allem zeitgenössischer dänischer und internationaler Kunst zu sehen.

Mit seinen kubischen, von pyramidenförmigen Dächern bekrönten weiß-gläsernen Ausstellungsgebäuden gibt sich das **Kunstbygningen Filosoffen** ❾ (Filosofgangen 30, Tel. 66 19 07 33, www.filosofgangen.com, Di–So 11–17 Uhr), eine Ausstellung zu Kunst und Design, schon von außen deutlich avantgardistisch. Es ist als zwangloses Informationsforum konzipiert und zeigt Wechselausstellungen und Installationen sowohl dänischer als auch internationaler Gegenwartskünstler.

Vor dem Eingang zum weiten Park **Kongens Have** ❿ reckt sich die abgestufte Turmspitze der **Sct. Hans Kirke** ⓫ (Sct. Hans Plads 1, www.scthans-kirke.dk, Mo–Sa 10–16 Uhr) über die Häuser der Stadt. Die hohe dreischiffige Kirche ist der einzige Überrest eines 1280 gestifteten Johanniterklosters. Die Außenkanzel an ihrer Südwestfassade stammt noch aus vorreformatorischer Zeit. Das benachbarte Klostergebäude wurde 1575 zum Königsschloss umgestaltet. Heute beherbergt der gelb verputzte Bau die Büros der Stadtverwaltung.

Ein echtes Muss für alle Eisenbahnfans ist das nördlich vom Hauptbahnhof gelegene **Danmarks Jernbanemuseum** ⓬ (Dannebrogsgade 24, Tel. 66 13 66 30, www.jernbanemuseet.dk, tgl. 10–16 Uhr). Das größte Eisenbahnmuseum Skandinaviens stellt auf mehr als 10 000 m² Fläche historische Loks und Salonwagen sowie Modelle aus.

Den Fynske Landsby

Beim Wald von Hunderup, 4 km südlich von Odense, zeigt das Fynske Landsby (Sejerskovvej 20, www.museum.odense.dk, Jan.–März So 11–15, April, Juni, Mitte Aug.–Okt. Di–So 10–17, Juli–Mitte Aug. tgl 10–18 Uhr), wie ein fünisches Dorf des 18. und 19. Jh. aussah. Dazu wurden Wohn-

18 Odense

In einer umgestalteten Textilfabrik sorgt die Kulturinstitution Brandts für neues Leben

häuser originalgetreu wieder aufgebaut, Bauernhöfe, eine Zollstation, eine Windmühle, ja sogar ein Gefängnis. Im Sommer bevölkern Darsteller in zeitgenössischen Kostümen die Siedlung, bestellen mit einfachen Geräten die Gärten, backen Brot oder beschlagen Pferde. Auf der *Freilichtbühne* des Museumsdorfes finden jeden Sommer die Festspiele *H. C. Andersen Festspillene* mit Märchenaufführungen statt.

Lokomotiven aus zwei Jahrhunderten begeistern in Danmarks Jernbanemuseum

Praktische Hinweise

Information

VisitOdense, Rådhuset, Vestergade 2, Odense, Tel. 63 75 75 20, www.visitodense.com. Hier kann man u. a. den *Odense Oplevelsepas* kaufen. Die Erlebniskarte berechtigt u. a. zum kostenlosem Eintritt bei vielen Sehenswürdigkeiten und zu diversen Ermäßigungen.

Nachtleben

Arkaden, Vestergade 68, Odense, www.cityarkaden.dk. 9 Bars und Discos bieten volles Programm (meist Do–Sa ab 21 Uhr).

Märchendichter für die Welt

Wer hat nicht zumindest von ihnen gehört, von den Märchen des **Hans Christian Andersen** (1805–1875). ›Die Schneekönigin‹, ›Die Prinzessin auf der Erbse‹, ›Das hässliche Entlein‹, ›Der standhafte Zinnsoldat‹, ›Die kleine Meerjungfrau‹, ›Däumelinchen‹ oder ›Des Kaisers neue Kleider‹ – mehr als 150 fantasievolle Erzählungen haben den gefeierten, auch bei Hofe und auf Adelssitzen gern gesehenen Dichter weltberühmt gemacht.

Andersen wurde am 2. April 1805 in Odense als Sohn einfacher Eltern geboren. Am 4. August 1875 starb er hoch geehrt und wohlhabend in Kopenhagen an Krebs. Dazwischen lag ein facettenreiches, doch auch getriebenes Leben, geprägt vom geradezu zwanghaften Streben nach einem berühmten Namen, der seine Person der Vergessenheit nach dem Tod entreißen sollte.

Als ›Märchenonkel‹ wird Andersen oft vermarktet, eine Kategorisierung,

Ein unbeschwerter Mensch scheint Hans Christian Andersen nicht gewesen zu sein

die seiner Persönlichkeit und seinem vielfältigen Werk nicht gerecht wird. Mit 14 Jahren begann der ehrgeizige Junge eine Ausbildung am Königlichen Theater in **Kopenhagen**, wo er als Statist und Chorsänger ein Zubrot verdiente. Doch seine Stimme taugte nicht für die Bühne, seine Statur nicht fürs Ballett. Andersen verlegte sich aufs Schreiben, fertigte Erzählungen und Skizzen an. 1835 erschien sein erster **Roman**, ›Der Improvisator‹, der auf Anhieb ein Erfolg wurde und dem Autor sogar eine königliche Pension einbrachte. Einen Monat später kam von Andersen ein erstes **Märchenheftchen** heraus, das ihn auch dem breiten Publikum bekannt machte und dem viele weitere folgten. Dichtete er zu Beginn seiner Karriere noch Volksmärchen in dem ihm eigenen Stil um, so schöpfte er später aus seiner eigenen Fantasie.

Zugleich wurde Andersen auch einer der bekanntesten Reisenden seiner Epoche. Er unternahm Auslandsreisen, die ihn durch Europa und bis nach Nordafrika führten und deren Verläufe er in vielen **Reisebeschreibungen** festhielt. Bei seinem Tod umfasste der Nachlass des fleißigen Junggesellen u.a. mehrere Hundert **Gedichte**, sechs teils sozialkritische **Romane**, drei **Autobiografien** sowie zahlreiche **Scherenschnitte** und **Zeichnungen**.

Christian Andersens Märchen sind bis heute in jeder Kinderstube ein Klassiker

Hotels

****H. C. Andersen, Claus Bergs Gade 7, Odense, Tel. 66 14 78 00, www.radissonsas.com. Moderner Backsteinbau im einladenden Stadtzentrum.

*Danhostel Odense City, Østre Stationsvej 31, Odense, Tel. 63 11 04 25, odensedanhostel.dk. Zentrale Herberge in Bahnhofsnähe, auch für Familien.

Restaurants

Brasseriet Klitgaard, Gravene 2, Odense, Tel. 63 13 14 55, www.klitgaarden-odense.dk. Moderne dänische Regionalküche, mit frischen, leckeren Gerichten.

Under Lindetræet, Ramsherred 2, Odense, Tel. 66 12 92 86, www.underlindetraet.dk. Menükreationen für Feinschmecker in prominenter Lage gegenüber Andersens Geburtshaus (So/Mo geschl.).

19 Nyborg

Wikinger, Danehof und eine gewaltige Brücke in Fünens Nordosten.

Jahrhundertelang machten in Nyborg die Fähren aus Korsør fest, galt die Stadt als strategischer Punkt zur Kontrolle des Schiffsverkehrs auf dem Großen Belt. Seitdem die 18 km lange Hängebrücke **Storebæltsbroen** die Wasserstraße zum östlichen Seeland überwindet, ist dieses Kapitel Geschichte.

Die moderne Hafen- und Gewerbestadt mit 18 000 Einwohnern ist von Wäldern umgeben. Sie entwickelte sich bereits vor gut 800 Jahren um **Nyborg Slot** (Slotsgade 34, Tel. 65 31 02 07, www.nyborgslot.dk, Mitte Dez.–Mitte März Sa/So 10 bis 15, Do 12–17, April–Mai und Sept.–Okt. Di bis So 10–15, Juni–Aug. tgl. 10–16 Uhr), eine wuchtige Burg am Großen Belt. In der Festungsstadt unterzeichnete König Erik V. (1249–1286) eine Vereinbarung, die dem Adel Mitspracherechte bei der Gesetzgebung im Rahmen der jährlichen Zusammenkünfte des **Danehofes** einräumte. Dieses Beratergremium tagte bis 1413 im Schloss, von dessen einst vier Flügeln noch einer erhalten ist. Er vermittelt Besuchern mit Rittersaal und Reichsratsaal einen Eindruck von der mittelalterlichen Festung.

Auch wenn ein großer Brand 1798 viele der alten Fachwerkhäuser von Nyborg vernichtete, sind rund um den Marktplatz Torvet noch einige Gassen mit historischen Fachwerkhäusern erhalten. Etwa **Borgmestergården** (Slotsgade 11, www.ostfynsmuseer.dk, Juni–Aug. tgl. 10–16, April–Mai und Sept.–Okt. Di–So 10 bis 15 Uhr), Wohnhaus des früheren Bürgermeisters Lerche von 1601, das heute ein Museum zur Stadtgeschichte birgt. Sehenswert ist auch die **Vor Frue Kirke** (Korsbrødregade 4, Di–Fr 10–13, Do 16–18, Fr 10–12 Uhr), mit deren Bau im gotischen Stil 1388 begonnen wurde. Ihr fast 70 m hoher Turm wurde jedoch erst 1581 vollendet. Zur Ausstattung gehört eine kunstvoll gearbeitete Barockkanzel mit Szenen des Neuen Testaments, die 1653 Anders Mortensen aus Odense schnitzte.

Am östlichen Stadtrand liegt der **Nyborg Lystbådehavn**, der Jachthafen der Stadt, an dessen Kais Oldtimerboote vertäut sind. Nyborg gehört in den Sommermonaten zu den beliebtesten Ankerplätzen von Freizeitseglern.

Kerteminde

Die propere Kleinstadt Kerteminde ist ein beliebtes Ausflugsziel, ihr Fischereihafen bietet auch Liegeplätze für Segler und private Motorboote. Nahe dem Ortszentrum am Fjord stellt das **Fjord & Bælt** (Margrethes Plads 1, Tel. 65 32 42 00, www.fjord-baelt.dk, Mit-

Ein Unterwassertunnel mit Guckfenstern ist eine der Attraktionen des Fjord & Bælt in Kerteminde

19 Nyborg

Gerne schlendern Besucher durch die verspielte Renaissanceanlage von Egeskov Slot

te Feb.–Juni, Sept–Nov. Di–So 10–16, Juli, Aug. tgl. 10–17 Uhr) Fische und Schalentiere der Region vor. Die Schweinswale Freja und Eigil, dazu die Eiderenten Baldur und Bodil, Quallen (ohne Namen) und zahllose weitere Fische, Vögel, Krebse und Muscheln sind in ihrem nachgestalteten natürlichen Umfeld dargestellt. Ein 50 m langer Unterwassertunnel führt die Besucher auf den Meeresgrund, ohne dass jemand dabei nasse Füße bekommt.

Lange Jahre lebte Johannes Larsen (1867–1961) in Kerteminde, einer der sog. *Fünen-Maler*, die vor etwa 100 Jahren anfingen, das Leben einfacher Menschen und die Arbeit auf dem Lande darzustellen. Das ehem. Wohnhaus und Atelier des Künstlers, ein helles einstöckiges Gebäude auf dem Hügel Møllebakken, ist zum **Johannes Larsen Museet** (Møllebakken 14, Tel. 65 32 11 77, www.johanneslarsenmuseet.dk, März–Mai und Sept./Okt. Di–So 10–16, Juni–Aug. tgl. 10 bis 17, Nov.–Feb. Di–So 11–16 Uhr) umgewandelt. Darin sind etwa 500 seiner Werke ausgestellt, vor allem Gemälde und Holzschnitte.

Ladby

In dem kleinen Ort Ladby, 4 km westlich von Kerteminde, sind im **Vikingemuseet Ladby** (Vikingevej 123, Tel. 65 32 16 67, www.vikingemuseetladby.dk, März–Mai und Sept.–Okt. Di–So 10–16, Juni–Aug. tgl. 10–17, Nov.–Feb. Di–So 12–16 Uhr) die rekonstruierten Überreste von Dänemarks einzigem Schiffsgrab aus der Wikingerzeit zu besichtigen. Es wurde im 10. Jh. für einen Wikingerhäuptling angelegt, der in der Nähe mit einem 22 m langen Drachenboot, Pferden, Hunden, Waffen, Schmuck und anderen Beigaben für seine letzte Fahrt, die Reise ins Jenseits, unter einem Grabhügel an Land bestattet wurde.

Praktische Hinweise

Information

Nyborg Turistbureau, Adelgade 3, Nyborg, Tel. 63 75 94 60, www.visitnyborg.dk

Nachtleben

Bastian, Dronningensvej 5, Nyborg, Tel. 28 73 56 90. Angesagte Bar und Nachtklub, mit Themenpartys.

Camping

Bøsøre Strand Feriepark, Bøsørevej 16, Hesselager, Tel. 62 25 11 45, www.bosore.dk. Großzügiges, teils mit Bäumen bestandenes Areal an 200 m langem Sandstrand. Mit beheizter Badelandschaft, Spielplätzen und Freizeitangeboten.

Hotels

****Best Western Nyborg Strand**, Østerøvej 2, Nyborg, Tel. 65 31 31 31, www.nyborgstrand.dk. Großes Hotel direkt am Strand mit Sicht auf die Beltbrücke, umgeben von schönem Buchenwald. Mit Panoramarestaurant und Bistro.

****Hesselet**, Christianslundsvej 119, Nyborg, Tel. 65 31 30 29, www.hotel-hesselet.dk. Charmantes Designerhotel aus rotem Backstein mit Pagodendach in einem Birkenwäldchen, mit tollem Blick auf die Belt-Brücke.

Feinschmeckerrestaurant und gut bestückte Bar im Haus.

Restaurants

Rudolf Mathis, Dosseringen 13, Kerteminde, Tel. 65 32 32 33, www.rudolf-mathis.dk. Köstliche Fischgerichte (So/Mo geschl.).

Teglvaerksskoven, Strandalleen 92, Tel. 65 31 41 40, teglvaerksskoven.dk. Vier saisonale Menüs im Jahr. (So geschl.)

20 Egeskov Slot

 Wasserburg aus dem 16. Jh., umgeben von einer herrlichen Parkanlage.

Der 1524–54 aus unterschiedlich rot und rosé getönten Backsteinen errichtete Renaissancebau gehört zu den schönsten Wasserschlössern Europas. Für die vielen Hundert noch immer stabilen Holzpfähle, auf denen das Gemäuer in einem See ruht, musste ein ganzer Eichenwald (dän. Egeskov) abgeholzt werden. Wehrhaft wirkt die dreistöckige kompakte Schlossanlage, zwei massige Rundtürme flankieren die Zugbrücke, die Schießscharten und Pechnasen im Mauerwerk deuten darauf hin, dass die adligen Bewohner mit unruhigen Zeiten rechneten. Trotzdem macht **Schloss Egeskov** (Ende April–Juni und Sept.–Mitte Okt. tgl. 10–17, Juli–Mitte Aug. tgl. 10–19, Mitte–Ende Aug. tgl. 10–18 Uhr) einen friedlichen Eindruck, die Zinnen, Giebel und Kupferhauben des Gebäudes wirken geradezu verspielt. Ein Übriges tut der 15 ha große barocke Park mit herrlichen Blumengärten und einem Bambuslabyrinth.

Jedes Jahr besuchen in den Sommermonaten und während der dänischen Herbstferien mehr als 200 000 Gäste die zugänglichen Räume des von der Adelsfamilie Ahlefeldt-Laurvig-Bille seit 1784 bewohnten Schlosses und den Garten.

Zu einem zusätzlichen Anziehungspunkt hat sich das **Oldtimermuseum** in einer einstigen Stallung am Seeufer entwickelt, die 300 Fahrzeuge, von frühen Fahrrädern, historischen Automobilen bis zu betagten Flugzeugen versammelt.

Praktische Hinweise

Information
Egeskov Slot, Egeskov Gade 18, Kværndrup, Tel. 62 27 10 16, www.egeskov.dk

21 Faaborg

Fachwerkidylle und Kaufmannshöfe erzählen von alten Handelszeiten.

Bereits im Jahr 1251 erhielt Faaborg Stadtrechte, und im 17. Jh. war die schmucke **Fähr-** und **Hafenstadt** am Faaborg Fjord ein wichtiger Warenumschlagplatz im Süden Fünens. Mit dem **Handel** kam der Reichtum, und noch heute strahlen kopfsteingepflasterte Straßen, Fachwerkhäuser, an denen im Sommer Stockrosen blühen, einige alte Kaufmannshöfe in der Stadt sowie das im 15. Jh. mit Durchfahrt und Stufengiebel errichtete Stadttor *Vesterport* wohlhabende Zufriedenheit aus. Im **Den Gamle Gaard** (Holkegade 3, Tel. 63 61 20 00, www.ohavsmuseet.dk, Mitte April–Mai und Sept.–Ende Okt. Sa/So 11–15, Juni–Aug. tgl. 10–16 Uhr), einem schönen Kaufmannshof von 1725, ist die Stadtgeschichte mit zeitgenössischen Einrichtungsgegenständen, Schiffsmodellen und anderen nautischen Sammlungsstücken dargestellt. Jüngere Kunstgeschichte ist hinter der neoklassizistischen Fassade des **Faaborg Museum** (Grønnegade 75, Tel. 62 61 06 45, www.faaborgmuseum.dk, April–Okt. tgl. 10–16, Nov.–März Di–So 11–15 Uhr) zu finden. Die Gemäldesammlung stellt die Fünen-Maler der Wende zum 20. Jh. vor, darunter Poul Christiansen, Fritz Syberg, Peter Hansen oder Johannes Larsen. Der Bildhauer Kai Nielsen (1882–1924) wird mit einer Sonderausstellung geehrt.

Praktische Hinweise

Information
Faaborg Turistbureau, Torvet 19, Faaborg, Tel. 63 75 94 44, www.visitfaaborgmidtfyn.dk

Fähren
Ærøfærgerne AS, Tel. 62 52 40 00, www.aeroe-ferry.dk. Faaborg–Søby (Ærø)

Als Færgen, Tel. 70 23 15 15, www.faergen.dk. Bøjden (westlich von Faaborg)–Fynshav/Als

Camping
Bøjden Strand Feriepark, Bøjden Landevej 12, Faaborg, Tel. 63 60 63 60, www.bojden.dk. Grünes Terrassengelände am Meer zwischen Küstenstraße und einem kleinen, teils grasbewachsenen Strand auf einer Landzunge westlich von Faaborg, mit öffentlichem Freibad.

Hotels
****Hvedholm Slot**, Horne bei Faaborg, Tel. 63 60 10 20, www.slotshotel.dk. Die repräsentative Schlossanlage ermöglicht Übernachtungen im fürstlichen Himmelbett. Zum Haus gehören Restaurant und Weinkeller.

****Ferienpark Klinten**, Klinteallé 1, Faaborg, Tel. 62 61 38 00, www.danland.dk. Schön gelegene Ferienwohnungen mit Blick aufs Meer.

Restaurants
Faaborg Røgeri, Vestkaj 3, Faaborg, Tel. 62 61 42 32. Alles frisch aus der Räucherkammer (Ostern–Aug. tgl. geöffnet).

In den kopfsteingepflasterten Gassen von Faaborg scheint die Zeit stillzustehen

Der Hafen von Svendborg ist ein Freizeitparadies nicht nur für Wasserratten

Falsled Kro, Assensvej 513, Millinge (6 km nordwestl. von Faaborg), OT Falsled, Tel. 62 68 11 11, www.falsledkro.dk. Zu den fantasievollen dänisch-französischen Gerichten werden beste französische Weine gereicht. Mit 17 Zimmern und Suiten (Okt.–April So/Mo geschl.).

Frk. Jensens Cafe og Spisehus, Mellemgade 10, Tel. 63 60 70 30, www.froekenjensens.dk. Frühstück, Mittag- und Abendessen, gut und preiswert von Mo–Sa, So eingeschränkt.

22 Svendborg

Seglermetropole mit historischer Dichterklause in Fünens Süden.

Samstag ist Markttag in der munteren **Hafenstadt** (59 000 Einw.) im äußersten Süden von Fyn. Dann lohnt sich ein Besuch der Stadt besonders, um durch die Budengassen und entlang der Stände zu schlendern, vielleicht frisches Gemüse, Obst oder Käse zu kaufen. Vor allem zwischen dem Marktplatz *Torvet* und der *Kysebordstræde* in der Nähe vom Gerrits Plads findet man noch ältere Straßenzüge mit einigen schönen Fachwerkhäusern, die sonst in dem gut 700-jährigen Svendborg von vielen Neubauten in den Hintergrund gedrängt werden. Die **Sct. Nikolai Kirke** (Gerritsgade 5, tgl. 10–15, Juni bis Aug. bis 16 Uhr) etwa wurde um 1220 im romanischen Stil mit drei Schiffen erbaut und Ende des 19. Jh. restauriert. Sie kombiniert glücklich historisches rotes Backsteinmauerwerk mit dekorativen Buntglasfenstern aus dem 20. Jh. über kräftigen Arkadenpfeilern.

Nördlich davon dient das **Forsorgsmuseet** (Grubbemøllevej 13, Tel. 62 21 02 61, www.svendborgmuseum.dk, Mitte Feb.–April Di–So 10–14, Mai–Okt. 10–16 Uhr), im 19. Jh. das Armenhaus der Stadt, als Ausstellungsgebäude für traditionelle Handwerkskunst sowie archäologische Funde aus der Umgebung.

Im **Seglerhafen** liegen Dutzende von Freizeitbooten, die alten Holzschiffe, mit denen man Ausflüge unternehmen kann, haben einen eigenen Kai. Etwas außerhalb des Ortskerns dokumentiert das Stadtmuseum im **Anne Hvides Gård** (Fruestræde 3, Tel. 62 21 34 57, www.svendborgmuseum.dk, Mitte Juni–Mitte Aug. Do/Fr 12–16 Uhr), einem Fachwerkhof von 1560, die Kulturgeschichte von Svendborg. Spektakulär inszenierte Naturgeschichte zeigt das **Naturama** (Dronningemaen 30, Tel. 62 21 06 50, www.naturama.dk, Ende März bis Dez. Di–So 10–16 Uhr), Svendborgs zoologisches Museum.

Svendborg

Im westlichen Vorort **Rantzausminde**, am Skovsbostrand 8, war ein reetgedecktes Fischerhäuschen am Sund die erste Exilstation des deutschen Dramatiker- und Schauspielerehepaars Bert Brecht (1898–1956) und Helene Weigel (1900 bis 1971). Zwischen den Jahren 1933–39 entstanden hier u. a. die *Svendborger Gedichte*, das *Einheitsfrontlied* und der *Dreigroschenroman*.

Praktische Hinweise

Information
Visit Svendborg, , Centrumpladsen 4, Svendborg, Tel. 63 75 94 80, www.visitsvendborg.dk

Schiffe
Ærøfærgerne AS, Tel. 62 52 40 00, www.aeroe-ferry.dk. Svendborg–Ærøskøbing. Mehrmals tgl. in 75 Min. nach Ærøskøbing [s. S. 78] auf die Insel Ærø.

Maritimt Center, Havnepladsen 2, Svendborg, Tel. 62 23 30 23, www.maritimtcenter.dk. Maritimer Shop und Mitfahrgelegenheit auf alten Segelbooten.

M/S Helge, Jessens Mole 6, Svendborg, Tel. 62 23 30 80, www.mshelge.dk. Touren mit einem Oldtimerschiff auf dem Svendborgsund (Ende Mai–Mitte Sept.).

Einkaufen
Glasblaeseriet, Brogade 37 A, Svendborg, Tel. 62 22 88 73, www.glasblaeseriet.dk. Bietet neben geschmackvollen Glasprodukten auch nach eigenen Wünschen gefertigte Stücke.

Nachtleben
Crazy Daisy, Frederiksgade 6, Svendborg, Tel. 40 83 40 00, Tanzmusik verschiedener Stilrichtungen von Pop bis Alternative sowie Bars auf mehreren Ebenen.

Hotels
***Hotel Christiansminde**, Christiansmindevej 16, Tel. 62 21 90 00, www.christiansminde.dk. Gepflegte Anlage mit 98 Zi. direkt am Svendborg Sund, maritime Außenterrasse.

*****Svendborg Danhostel**, Vestergade 45, Svendborg, Tel. 62 21 66 99, www.danhostel-svendborg.dk. Gemütliche Zimmer im Zentr., alle mit eigenem Bad.

Beschaulich liegt Valdemars Slot an der Westküste der Insel Tåsinge

In seiner Heimat Rudkøbing auf Langeland verehrt man den Physiker Hans Christian Ørsted

23 Tåsinge

Ländliche Insel mit Valdemars Schloss.

Bei Svendborg führt eine 1200 m lange Brücke von Fyn zur kleinen Nachbarinsel Tåsinge. Ihre einzige größere Siedlung ist das im 18. Jh. gegründete **Troense** an der Ostküste. Südlich davon liegt die Hauptsehenswürdigkeit der Insel, **Valdemars Slot** (Slotsalléen 100, Troense, www.valdemarsslot.dk, ab Ostern Do–Mo 10–17, Mai/Sept. Di–So 10–17, Juni–Aug. und Ende Okt. tgl. 10–17, erste Okt.-Woche Sa/So 10–17 Uhr), am Svendborg Sund. König Christian IV. hatte das Palais 1639–44 für seinen Sohn Valdemar Christian erbauen lassen. Admiral Niels Juel erwarb den Bau 1678, sein heutiges spätbarockes Erscheinungsbild verdankt er dem gleichnamigen Enkel des Admirals, der 1750 den Umbau in Auftrag gab. Ein Rundgang führt durch geschmackvoll eingerichtete, mit Stuck ausgeschmückte Wohnräume, den Königssaal mit Porträtgalerie, eine Bibliothek und durch den Rittersaal. Im ersten Stock zeigt eine Dauerausstellung Jagdtrophäen aus aller Welt. Auch der Schlosspark steht zur Besichtigung offen.

Es lohnt sich, etwas im Landesinneren, nahe der Hauptstraße, auf den Kirchturm der auf einem Hügel gelegenen **Bregninge Kirke** (Kaldredvej 18, Eskebjerg, tgl. 8–16, Turm bis 20 Uhr) hinaufzusteigen. Aus 72 m Höhe bietet sich bei gutem Wetter ein weiter Blick über das inselgesprenkelte Meer.

Praktischer Hinweis

Restaurant

Valdemars Slot, Slotsalléen 100, Troense, Tel. 62 22 59 00, www.valdemarsslot.dk. Fantasievolle Küche im lichtdurchfluteten Pavillon (Juni und Mitte Aug.–Sept. Mo geschl.).

24 Langeland

Lang gestreckte Urlaubsinsel mit vielen Fahrradwegen.

13 000 Menschen leben auf der treffend benannten, 55 km langen, jedoch nur maximal 10 km breiten Insel. Viele kleine *Strände*, reizvolle *Steilküsten* sowie *Buchenwälder* im Landesinneren machen das schmale Eiland mit den vielen Windmühlen und gut ausgebauten Fahrradwegen zu einem beliebten Urlaubsziel.

Wo die Brücke von der Nachbarinsel Tåsinge her Langeland im Westen erreicht, liegt die Inselhauptstadt **Rudkøbing**, eine Kleinstadt mit geduckten Häusern und alten Kaufmannshöfen. Die alte Apotheke *Den Gamle Apotek* in der reizvollen Altstadt ist Geburtshaus des Physikers Hans Christian Ørsted (1777–1851), der den Elektromagnetismus entdeckte und seines Bruders Anders Sandøe, der 1853 Premierminister von Dänemark wurde – wenn auch nur für ein Jahr.

Im Süden lädt beim Dorf *Kædeby* die Fundstätte eines etwa 5000 Jahre alten Dolmengrabes zu einer Besichtigung ein.

Langeland

Kong Humbles Grav, ein 55 m langes und bis zu 9 m breites Ganggrab, wurde etwa 3000 v. Chr. aus 77 mächtigen Steinquadern und -platten erbaut.

Weitaus jüngeren Datums ist das nahe **Langelandsfort** (Vognsbjergvej 4B, Bagenkop, Tel. 62 56 27 00, www.langelandsfortet.dk, April/Okt. tgl. 10–16, Mai–Sept. tgl. 10–17 Uhr) bei Dovnsklint. Eine Beobachtungsstation der NATO zeichnete hier bis Ende des 20. Jh. Schiffsbewegungen in Kattegat und Ostsee auf. Im Fort ist heute ein Museum über die Ära des Kalten Krieges eingerichtet.

Praktische Hinweise

Information

Langelands Turistbureau, Torvet 5, Rudkøbing, Tel. 62 51 35 05, turist.langeland.dk

Fähren

Ærøfærgerne AS, Tel. 62 52 40 00, www.aeroe-ferry.dk. Rudkøbing–Marstal

LangelandsFærgen, Rudkøbing, Tel. 70 23 15 15, www.langelandsfaergen.dk. Spodsbjerg–Tårs

Fahrrad

Lapletten, Engdraget 1, Rudkøbing, Tel. 62 51 10 98, www.lapletten.dk. Fahrradshop mit Verleih.

Klein, aber fein: Häuschen am hübschen Strand von Marstal auf Ærø

Camping

Camping & Feriecenter Ristinge, Ristingevej 104, Humble (nordwestl. von Bagenkop), Tel. 62 57 13 29, www.ristinge.dk. Der Campingplatz erstreckt sich auf einem größtenteils von Hecken und einigen Bäumen gegliederten, hügeligen Wiesengelände.

Hotel

***Rudkøbing Skudehavn**, Skudehavnen 21, Rudkøbing, Tel. 62 51 46 00, www.rudkobingskudehavn.dk. Die Hotel- und Apartmentanlage ist ausgestattet mit Hallenpool und Restaurant und besitzt eine Marina.

25 Ærø

Bilderbuchlandschaft im südfünischen Inselmeer.

Auf der 88 km² großen, etwa wie ein Angelhaken geformten Insel leben rund 7000 Menschen. Sommerurlauber lieben den geruhsamen Aufenthalt, radeln gern auf Fahrradwegen oder schmalen Landstraßen vorbei an Feldern, an Windmühlen und reetgedeckten kleinen Katen mit bemalten, von Kletterrosen eingerahmten Haustüren. An den Küsten locken Sand- und Kiesstrände, z. B. südlich von Marstal, eine steile Klippen aus Sandstein und Tonerde wie bei Vodrup Klingt.

TOP TIPP Die älteste Siedlung auf Ærø ist **Ærøskøbing** (1000 Einw.) an der Nordostküste, das mit seinem Marktplatz aus dem 13. Jh. und den farbig getünchten Fachwerkhäusern aus dem 18. Jh. im vollständig erhaltenen Ortskern um Søndergade und Vestergade wie eine *Märchenkulisse* wirkt. Die Blütezeit des Städtchens lag im 17. Jh., als über 100 **Handelssegler** hier ihren Heimathafen hatten und die ortsansässigen Kaufleute mit der Hanse, den Dänen, den Holsteiner und im Baltikum gute Geschäfte machten. Eine Sammlung von nautischen Memorabilien, vor allem aber von mehreren Hundert *Buddelschiffen*, wie in der **Flaske-Peters Samling** (Smedegade 22, Tel. 62 52 29 50, www.arremus.dk, Jan.–Ende März Mo–Fr 10–12, bis Ende Juni u. Mitte Aug.–Ende Okt. tgl. 10–16, Juli–Mitte Aug. tgl. 10–16 Uhr von Peter Jacobsen, sieht man nicht jeden Tag. Als der Seebär und Bastelkünstler 1960 84-jährig starb, hinterließ er 1600 Buddelschiffe und mehrere Dutzend detailgenaue Schiffsmodelle.

Entspannte Strandferien bietet die kleine Halbinsel Eriks Hale bei Marstal auf Ærø

Im Hafen von **Marstal** ganz im Osten der Insel liegen Schoner, Jachten, Fischkutter und Frachtschiffe friedlich nebeneinander. Die lebhafte *Marina* gehört zu den beliebtesten Stützpunkten der *Island Hopper*, die mit ihren Seglern im Sommer in der Dänischen Südsee kreuzen. In der **Marstal Kirke** (Kongensgade 35, April bis Sept. tgl.), einer alten, 1738 ausgebauten *Seefahrerkirche*, dokumentieren Votivschiffe die maritime Tradition des Ortes, ebenso das blaue *Kirchengestühl*, das für die Farbe des Meeres steht. Altar und Kanzel sind rot bemalt, symbolhaft für das vergossene Blut Christi.

Im **Marstal Søfartsmuseum** (Prinsengade 1, Tel. 62 53 23 31, www.marstal-maritime-museum.dk, Mai/Sept./Okt. tgl. 10–16, Juni, Juli/Aug. tgl. 9–17, Nov.–April Mo–Sa 11–15 Uhr) sind Galionsfiguren, Schiffsmodelle und Kapitänsporträts ausgestellt, dazu eine bunte Sammlung von Reisemitbringseln der Seeleute aus fernen Ländern. Im Süden von Marstal locken feine **Sandstrände**, vor allem um die kleine Halbinsel Eriks Hale.

Praktische Hinweise

Information

Ærøskøbing Turistbureau, Ærøskøbing Havn 4, Ærøskøbing, Tel. 62 52 13 00, www.arre.dk

Fähre

Ærøfærgerne AS, Vestergade 1, Ærøskøbing, Tel. 62 52 40 00, www.aeroe-ferry.dk. Søby–Faaborg, Søby–Fynshav, Ærøskøbing–Svendborg, Marstal–Rudkøbing

Fahrrad

Pilebækkens Cykeludlejning, Pilebækken 5, Ærøskøbing, Tel. 62 52 11 10, www.bike-erria.dk. Fahrradverleih für alle.

Hotels

***Ærøhus**, Vestergade 38, Ærøskøbing, Tel. 62 52 10 03, www.aeroehus.dk. Die idyllische Herberge, untergebracht in einem alten, umgrünten Fachwerkbau, bietet ihren Gästen gemütliche Zimmer mit Internetzugang. Restaurant mit Terrasse.

Badehotel Aero, Brogade 1, Tel. 42 50 00 05, www.badehotel-aeroe.dk. Nette Anlage, wenige Minuten zu Fuß vom Nordstrand entfernt. Terrasse zum Meer.

Restaurants

Ærøskøbing Røgeri, Havnen 15, Ærøskøbing, Tel. 62 52 40 07, www.ærørøgeri.dk. Delikatessen des Meeres, frisch aus dem Rauch in bodenständiger Umgebung.

Mumm, Søndergade 12, Ærøskøbing, Tel. 62 52 12 12. Nettes Inselrestaurant mit schönem Sommergarten.

Süd- und Mitteljütland – Land zwischen Nord- und Ostsee

Die einzige **Landgrenze** des Inselstaates Dänemark ist die zwischen der Halbinsel *Jylland* (Jütland) und dem deutschen Bundesland *Schleswig-Holstein*. Beide Nationen stritten jahrhundertelang – auch in blutigen Kriegen – um die Grenzregion zwischen Flensburger Förde im Osten und dem Wattenmeer der Nordsee im Westen. Seit einer Volksabstimmung 1920 gehört Nordschleswig zu Dänemark, Südschleswig zu Deutschland. Daher leben auf beiden Seiten der Grenze starke deutsche und dänische Minderheiten, die sich heute aber als Bindeglied zwischen den beiden Ländern verstehen.

Der Süden Jütlands gilt als die Wiege Dänemarks. Hier finden sich Spuren eisenzeitlicher Siedlungen und Handelplätze der Wikinger, im 10. Jh. ließ König Harald Blauzahn die Runensteine von **Jelling** setzen, die älteste dänische Stadt **Ribe** war einst Königsresidenz und auch das trutzige Schloss von **Kolding** erzählt von lange vergangenen Zeiten. Von modernen Zeiten künden die jütländische Metropole und zweitgrößte dänische Stadt **Aarhus**, der geschäftige Nordseehafen **Esbjerg** oder der Handels- und Gewerbestandort **Randers**. Im Südwesten Jütlands schützt ein langer Deich die Küste vor den Sturmfluten der Nordsee. Die Dünenlandschaft auf den beiden vorgelagerten nordfriesischen Inseln **Rømø** und **Fanø** bietet hervorragende Badeplätze. Ein Kontrast dazu ist im Landesinneren die Moränenlandschaft um **Silkeborg** mit Wäldern, Seen und Flüssen. Hier spielt Landwirtschaft mit Rinderzucht, Rübenanbau und im Mai leuchtend gelb blühenden Rapsfeldern die größte Rolle. In gemütlichen Orten wie **Haderslev** findet man liebevoll eingerichtete Regionalmuseen, im Sommer zuweilen mit Demonstrationen alter Handwerkstechniken oder Lebensweisen.

Mitten in Jütland liegt der kleine Ort **Billund**, in dem sich der Firmensitz des Spielzeugunternehmens **Lego** befindet, dessen bunte Plastikklötzchen seit Mitte des 20. Jh. die Welt erobern. Ein Klassiker unter den Ausflugszielen ist der Freizeitpark **Legoland** in Billund – ganze Generationen von Familien haben sich hier schon zwischen Fahrgeschäften und Miniland amüsiert.

Surfer finden ihren Kick in der Fjordregion vor der Küste von Sønderborg

Von Dänen und Deutschen

Es gibt den **Bund deutscher Nordschleswiger** in Sønderjylland und den dänischen **Südschleswigschen Wählerverband** im deutschen Bundesland Schleswig-Holstein. Die kulturellen Minderheiten beiderseits der Landesgrenze sind das Ergebnis jahrhundertelanger Konflikte um das Land zwischen den Flüssen Eider und Kolding Å. Nach dem deutsch-dänischen Krieg von 1864 wurden die Herzogtümer Schleswig und Holstein von Preußen und Österreich gemeinsam verwaltet, nach dem Deutschen Krieg von 1866 endgültig Preußen zugeschlagen. 1920, nach der Niederlage des deutschen Kaiserreiches im Ersten Weltkrieg, kam nach einer Volksabstimmung der nördliche Teil an Dänemark zurück. In der **Bonn-Kopenhagener Erklärung** von 1955 wurde diese Grenzlinie bekräftigt und die großzügig ausgestalteten Rechte der jeweiligen nationalen Minderheit festgeschrieben. Diese deutsch-dänische Regelung gilt nicht nur in Europa als mustergültig und beispielhaft. Doch die vermeintliche Idylle darf nicht darüber hinweg täuschen, dass viele Dänen in Sønderjylland befürchten, der Riese jenseits der Grenze könnte seine Hände erneut nach Norden ausstrecken, etwa im Gewand eines vereinten **Europa**. So ist zu verstehen, dass Deutsche keine Ferienhäuser an den dänischen Küsten erwerben dürfen, freier Kapitalmarkt hin oder her.

26 Sønderborg

Königsburg und historisches Schlachtfeld am malerischen Flensborg Fjord.

Die muntere, im Mittelalter gegründete **Marktstadt** (27 000 Einw.) breitet sich beiderseits der Klappbrücke Christian X's Bro auf der Insel Als und dem gegenüberliegenden Festland aus. Man muss wissen, dass der neu gebaute Stadtteil an der Westküste der Insel eigentlich der ältere ist, denn preußische Artillerie zerstörte den größten Teil des historischen Baubestands von Sønderborg beim Kampf um die *Dybbol Banke*, die Düppeler Schanzen, von 1864. Lediglich der abweisende Backsteinbau des mittelalterlichen **Sønderborg** Slot auf einer Landzunge am *Als Sund* erinnert an die Vergangen-

Eine Attraktion für die ganze Familie ist der Ringreiterwettbewerb von Sønderborg

heit. Seine Ursprünge gehen rund 800 Jahre zurück, als Valdemar I. (reg. 1157–82) an dieser Stelle eine Königsburg gründete. Im Jahr 1532 wurde der abgesetzte König Christian II. für 17 Jahre in dem abgelegenen Schloss eingekerkert. Sein heutiges Erscheinungsbild im Renaissancestil erhielt **Sønderborg Slot** im Jahr 1720. Die mehr als 40 Räume beherbergen verschiedene kulturhistorische Sammlungen, die als **Museet på Sønderborg Slot** (Tel. 74 42 25 39, www.museum-sonderjylland.dk, Mai–Sept. tgl. 10–17, April/Okt. tgl. 10–16, Nov.–März Di–So 13–16 Uhr) zusammengefasst werden und vor allem Regional- und dänische Militärgeschichte dokumentieren.

Die **Ringrider Statuen**, ein Reiterdenkmal am Søndertorv nahe Hafen und Schloss, huldigt den in Süd- und Nordschleswig populären **Ringreiterwettbewerben**, bei denen Reiter versuchen, in vollem Galopp mit einer Lanze möglichst viele der aufgehängten, knapp handtellergroßen Ringe mit kleinem Durchmesser aufzuspießen – ein Spaß, der zwischen Mai und September fast jedes Wochenende in der Region stattfindet.

Auf der Halbinsel Als im Osten von Sønderborg liegt der Erlebnispark **Danfoss Universe** (Mads Patent Vej 1, Nordborg, Tel. 74 88 95 00, www.danfossuniverse.com, April/Okt. tgl. 10–17, Ende April–Ende Juni und Aug.–Mitte Okt. tgl. 10–16, Sommer tgl. 10–18 Uhr), der auf unterhaltsame Weise über Natur und Technik informiert, aber auch schwierige Themen wie die Erderwärmung nicht ausspart.

Ein ideales Revier für **Surfer** und **Segler** ist die **Fjordregion** (www.fjordregion.com) vor der Küste von Sønderborg mit reizvollen Windverhältnissen und reichlich Surfschulen. Sandstrände wie etwa der **Dybbol Strand** oder **Fluepapiret** sind wegen der guten Wasserqualität und der windgeschützten Buchtenlage besonders bei Familien beliebt.

Praktische Hinweise

Information

Sønderborg Turistbureau, Rådhustorvet 7, Sønderborg, Tel. 74 42 35 55, www.visitsonderborg.dk

Fähren

Als Færgen, Tel. 70 23 15 15, www.faergen.dk. Fynshav (Als)–Bøjden (Fünen)

Ballebro-Hardeshøj Færgefart, Færgevej 70, Nordborg, Tel. 74 45 28 00, www.faergen-bitten.dk. Ballebro–Hardeshøj (Als)

Camping

Drejby Strandcamping, Kegnæsvej 85, Sydals, Tel. 74 40 43 05, www.drejby.dk. Große Anlage an der Südküste von Als, direkt am Steilufer überm Sandstrand.

Hotels

***Ballebro Færgekro**, Færgevej 5, Ballebro, Tel. 74 46 13 03, www.ballebro.dk. Romantisches Badehotel mit bester Küche, direkt am Alssund.

*Danhostel Sønderborg City, Kærvej 70, Sønderborg, Tel. 74 42 31 12, www.sonderborgdanhostel.dk. Günstige Herberge, in Zentrumsnähe.

Restaurants

Christie's Søder Hostrup Kro, Østergade 21, Aabenraa, OT Hostrup (30 km nordwestl. von Sønderborg), Tel. 74 61 34 46, www.christies.dk. Gasthaus mit behaglichen Zimmern und vorzüglicher Küche: Je nach Saison werden Kräuter, Gemüse und Obst aus dem eigenen Garten verwendet, dazu hausgeräucherter Fisch.

 Fakkelgården, Fjordvejen 44, Kruså (30 km südwestl. von Sønderborg), Tel. 73 67 83 00, www.fakkelgaarden.dk. Landgasthof mit hübschen Gästezimmern und exzellenter französischer Küche direkt an der Flensburger Förde. Die Fisch- und Muschelsuppe ist einfach köstlich. Doch es wäre schade, wenn kein Dessert mehr Platz hätte, z.B. die verführerisch lockere Kokosmousse.

27 Haderslev

Mittelalterlicher Dom am engen Fjord und eine Brüdergemeinde der Herrnhuter.

Vor etwa 800 Jahren errichteten Siedler eine erste Niederlassung an einer Furt, wo der von Wäldern gesäumte *Haderslev-Fjord* im Westen in den lang gestreckten See *Haderslev-Dam* übergeht. Die Wassermassen abschmelzender Gletscher hatten das knapp 25 km lange, schmale Urstromtal gegen Ende der letzten Eiszeit vor etwas mehr als 10 000 Jahren ausgekerbt. 1292 erhielt das aus der Ortsgründung entstandene Haderslev Stadtrechte. Sehr schön ist das Zentrum mit geduckten **Fachwerkhäusern** erhalten, vor allem um Slotsgade, Am Store und Lille Klingberg. Die **Vor Frue Domkirke** (Domkirkepladsen, Mitte Juni–Mitte Sept. tgl. 10–17, sonst tgl. 10–15 Uhr), eine gotische Hallenkirche aus dem 13.–15. Jh., überragt die engen Gassen. Aus 16 m hohen Chor-

Weithin sichtbar ist die auf dem höchsten Punkt von Haderslev erbaute Vor Frue Domkirke

fenstern strömt das Licht ins Kircheninnere. Dort lohnt besonders der Altar mit einem romanischen Kruzifix aus dem 13. Jh. sowie Alabasterfiguren der Apostel aus dem 14. Jh. die Betrachtung. Im Chor wird bei Taufen ein Taufbecken von 1485 noch immer genutzt.

Nordöstlich davon ist auch das Museum **Arkæologi Haderslev** (Dalgade 7, Tel. 74 52 75 66, www.museum-sonderjylland.dk, Juni–Aug. Di–So 10–16, Sept.–Mai Di–So 13–16 Uhr) mit einer herausragenden archäologischen Sammlung einen Besuch wert. Zu sehen sind etwa Schwerter, Lanzen und Pfeilspitzen aus der Eisenzeit, dazu Goldschmuck aus der Bronzezeit.

Christiansfeld

Ein Stopp in Christiansfeld (3000 Einw.), einer Siedlung der **Herrnhuter Brüdergemeine** etwa 15 km nördlich von Haderslev, entführt in eine andere Welt. Bis auf den heutigen Tag leben hier Mitglieder einer aus der Oberlausitz stammenden protestantischen Freikirche, deren Vorfahren sich 1773 an diesem Ort niedergelassen hatten. Die holzverkleidete, auch innen sehr schlichte **Brødremenighedens Kirke** ist statt mit einer Kanzel mit einem Predigttisch ausgestattet und bietet 1000 Menschen Platz. Inmitten der Stadt, doch nicht weit von der Kirche, liegt der **Gottesacker** genannte Friedhof, in dem Männer links, Frauen rechts vom Mittelgang unter alten Lindenbäumen in langen Reihen bestattet sind.

Praktische Hinweise

Information

Haderslev Turistbureau, Nørregade 52, Haderslev, Tel. 73 54 56 30, www.visithaderslev.dk

Fähre

Haderslev Fjord Sejlads, in den Sommermonaten schnauft der Raddampfer ›Helene‹ den langen Haderslev Fjord entlang und macht u.a. an der Insel Årø vor der Küste Halt. Buchung über das Turistbureau.

Hotel

*****Harmonien**, Gåskærgade 19, Haderslev, Tel. 74 52 37 20, www.harmonien.dk. Im Jahr 1793 erbautes Hotel mit 23 gediegen eingerichteten, doch modern ausgestatteten Zimmern. Im Restaurant begrüßte man schon häufiger königliche Gäste.

Koldinghus Slot bietet einen stimmungsvollen Rahmen für Historienausstellungen

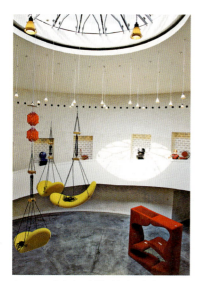

Avantgardistisches Möbeldesign ist im Kunstmuseum Trapholt zu entdecken

28 Kolding

Moderne Fjordstadt am kleinen Belt.

An der Mündung des Flüsschens Kolding Å in den gleichnamigen Fjord kreuzten sich seit alters her die West-Ost-Handelswege mit den von Nord nach Süd verlaufenden. Bereits 1268 ließ der dänische König Erik IV. dieses wichtige Wegekreuz mit **Koldinghus Slot** (Tel. 76 33 81 00, www.koldinghus.dk, tgl. 10–17 Uhr) befestigen. Das Schloss auf einem Hügel über der Stadt avancierte bald zum Lieblingssitz früherer dänischer Monarchen, die den festungsartigen Wohnpalast immer wieder umbauen ließen. Unter Christian IV. wurde der **Kæmpetårn**, der sog. Heldenturm, angebaut, von dem aus man bis heute den besten Blick auf die darunter liegende Hafenstadt am Fjord genießt. Das eigentliche Schloss fiel jedoch im März 1808 einem Brand zum Opfer, den einquartierte spanische Truppen des mit Dänemark verbündeten Napoleon aus einem lodernden Kaminfeuer entstehen ließen. Inzwischen ist das Bauwerk liebevoll restauriert, in den *Schlosssälen* sind nun Gemälde, Kunsthandwerk, Porzellan und Silber zu bewundern. Der mit einer spektakulären *Holzkonstruktion* wieder hergestellte Innenraum der einstigen Brandruine wird für Sonderausstellungen und Konzerte genutzt.

Der 12 ha große botanische Garten **Geografisk Have** (Christian IV. Vej 23, Tel. 75 50 38 80, www.geografiskhave.dk, Mai bis Sept. tgl. 10–18 Uhr) am südlichen Ortsrand von Kolding gruppiert mehr als 2000 verschiedene, überwiegend exotische Blumen, Büsche und Sträucher nach ihrer geographischen Heimat zusammen. Im angrenzenden Rosengarten sind mehr als 100 Arten der ›Blumenkönigin‹ zu bewundern.

TOP TIPP Eine Reise nach Kolding lohnt allein schon, um das **Kunstmuseum Trapholt** (Æblehaven 23, Tel. 76 30 05 30, www.trapholt.dk, Di, Do–So 10–17, Mi 10–20 Uhr) zu besuchen, eine wunderbar gestaltete Ausstellungsschau für Moderner Kunst, Design und Handwerk am Kolding Fjord, etwa 4 km östlich der Stadt. Im niedrigen reetgedeckten Wohnhaus des Stifters Gustav Johannes Lind (1886 bis 1984) und den beiden weißen kubischen Anbauten machen Bilder, Plastiken, Keramik, Installationen und eine einzigartige Abteilung zu zeitgenössischem dänischen Möbeldesign von sich reden. Zu sehen sind Werke u.a. von Franciska Clausen, Richard Mortensen, Ejler Bille, Anna Ancher oder Peter Bonde.

ℹ Praktische Hinweise

Information
Visit Kolding, Akseltorv 8, Kolding, Tel. 76 33 21 00, www.visitkolding.dk

Schiff
Fjordsejlads, Nordkajen 2, Kolding, Tel. 76 33 21 00. Kreuzt im Sommer in den Fjorden zwischen Horsens und Kolding.

Hotels
****Hotel Koldingfjord, Fjordvej 154, Kolding, Tel. 75 51 00 00, www.koldingfjord.dk. Grandhotel im grandiosen Gebäude eines 1911 erbauten ehem. Sanatoriums. Großzügige Zimmer mit bestem Blick auf den Fjord. Im Haus befindet sich ein ausgezeichnetes Restaurant.

TOP TIPP ******Kolding Byferie**, Kedelsmedgangen 2, Kolding, Tel. 75 54 18 00, www.kolding-byferie.dk. Architektonisch faszinierendes Apartmenthotel am Ufer des Sees von Koldinghus Slot, mit modernen Gebäuden aus Stahl, Beton und Glas, jedes in einer anderen geometrischen Form errichtet. Gäste dürfen das benachbarte Badeland *Slotssøbadet* kostenfrei nutzen. Mindestaufenthalt drei Nächte.

Von König Harald vor mehr als 1000 Jahren in Auftrag gegeben: der Runenstein von Jelling

Restaurants

Cafe Koldinghus, Koldinghus 1, Kolding, Tel. 75 50 47 98, www.koldinghus.dk. Kleine Speisen und leckere Kuchen im Schlosskeller.

Taste of Comwell, Skovbrynet 1 (im Hotel Comwell), Kolding, Tel. 76 34 13 90, www.comwell.dk. Neben der Abendkarte ist das Mittagsbuffet mit dänischen Spezialitäten zu empfehlen.

29 Jelling

›Taufschein‹ der Dänen und großartiges Zeugnis nordländischen Königtums.

Nach nur einem Dutzend Kilometer entlang der sog. *Margeritenroute* durch das anmutige Greijsdal nordwestlich von Vejle erreicht man das Dörfchen Jelling. In seinem Zentrum dominiert die **Jelling Kirke** (Mo–Sa ab 8, So ab 12.30 Uhr, Jan. bis Feb./Nov.–Dez. bis 16, März–Mai/Sept. bis Okt. bis 17, Juni–Aug. bis 18 Uhr) aus dem 12. Jh., eine der ältesten Kirchen des Landes. Das romanische, weiß gekalkte Gotteshaus wurde wiederholt restauriert, die Kalkmalereien im Inneren zum Leben Christi sind keine Originale. Ganz nahe der südlichen Kirchenmauer erheben sich zwei **Runensteine**, die sogar noch 200 Jahre älter sind als die Kirche. Den kleineren der beiden unregelmäßig geformten, grob behauenen Granitbrocken ließ König Gorm zu Beginn des 10. Jh. errichten; die Inschrift erinnert an Königin Thyra, ›den Stolz Dänemarks‹. Die Runen auf dem größeren verkünden übersetzt: ›König Harald gebot, dass dieses Denkmal seinem Vater Gorm und seiner Mutter Thyra errichtet wurde; der [Harald] sich ganz Dänemark und Norwegen unterwarf und die Dänen zu Christen machte‹. Neben Runen und Schlangenornamenten ist auf diesem Findling, der oft als ›Wiege‹ oder ›Taufschein Dänemarks‹ bezeichnet wird, auch Jesus mit ausgebreiteten Armen eingraviert. In dem nördlichen der beiden mächtigen, 9 und 11 m hohen **Grabhügel** beiderseits der Kirche wurde bei Ausgrabungen eine leere Grabkammer im Erdreich entdeckt, in der möglicherweise das erwähnte Königspaar Gorm und Thyra bestattet war.

Billund

Die Spur der Steine führt weiter nach Westen, wo in dem Ort Billund der Vergnügungspark **Legoland** (Nordmarksvej 9, Tel. 75 33 13 33, www.legoland.dk, Ende März–Okt., wechselnde Öffnungszeiten, s. Webseite) jährlich rund 2 Mio. Besucher anzieht. Die Idee zu dem ebenso einfachen wie vielseitigen Spielzeug hatte Firmengründer Ole Kirk Christiansen (1891–1958), aus seinem Werbespruch ›Leg goth‹, zu Deutsch ›Spiel gut‹, entstand der weltweit bekannte

Markenname Lego. Heute kennt jedes Kind die bunten Plastikbausteine, von denen im Legoland über 50 Mio. Stück zu den Sehenswürdigkeiten unserer Erde verarbeitet sind. Bei einem Rundgang durch das 7,5 ha große Gelände sieht man etwa das Weiße Haus, das Kennedy Space Center, Schloss Neuschwanstein, Stadtpanoramen und die Atlantis-Unterwasserwelt. Außerdem flitzen Achter- und Wasserbahnen über Berg und Tal.

Praktische Hinweise

Flughafen
Billund Airport (Tel. 76 50 50 50, www.billundlufthavn.dk) ist der zweitgrößte Flughafen Dänemarks. Von dort gehen Flüge nach Kopenhagen, aber auch nach London, Frankfurt, München, Stockholm, Brüssel, Amsterdam und per Charter in viele Feriengebiete rund ums Mittelmeer.

Hotel/Restaurant
****Jelling Kro**, Gormsgade 16, Jelling, Tel. 75 87 10 06, www.jellingkro.dk.

Einfallsreich setzt das Legoland in Billund die bunten Spielzeugsteine in Szene

›Klassisch dänisch‹ geben sich die Flower Pot Lampen des Designers Verner Panton

Modernes dänisches Design

Klare Formen, am Verwendungszweck ausgerichtete Entwürfe, einfache, mit großer Selbstverständlichkeit geführte Linien: Diesen Prinzipien folgt dänisches Design seit nunmehr 60 Jahren, ob bei der Konzeption von Konzerthäusern, beim Entwerfen von Möbeln oder beim Gestalten von Bestecken.

Architekten wie **Jørn Utzon** (1918 bis 2008), der das 1973 fertiggestellte Opernhaus von Sydney entwarf, oder **Johan-Otto von Spreckelsen** (1929–1987), dessen 1989 eingeweihter Grand Arche in Paris als Fenster in die Zukunft das Gegenstück zum historischen Arc de Triomphe darstellt, haben den Ruhm dänischer Gestaltungskunst in die Welt getragen. Ihr ebenfalls berühmter Kollege **Arne Jacobsen** (1902–1971) beschränkte sich nicht auf den Bau von modernen Hochhäusern. Er entwarf auch Gebrauchsgegenstände, Essbestecke etwa oder die stapelbaren Stühle ›Ameise‹ (1952) und ›Serie 7‹ (1955), die mit ihren dünnen Stahlrohrgestellen sowie der Sitz- und Rückenfläche aus einem einzigen Stück formgepressten Holzes noch immer zu den Klassikern ästhetischer Funktionalität gehören. Zu den internationalen Verkaufsschlagern zählen auch die PH-Lampen von **Poul Henningsen** (1894–1967), vor allem die Serie Nr. 5 von 1958, oder die 1968 entstandenen Flower Pot Leuchten von **Verner Panton** (1926 –1998).

Im Kunstmuseum Trapholt in Kolding [s. S. 85] oder im New Yorker Museum of Modern Art sind Ikonen dänischen Möbeldesigns, innovativ gestaltete Hifi-Geräte von Bang & Olufsen oder genial schlichte Lego-Bausteine längst als **Kunstwerke** ausgestellt.

29 Jelling

Die ›Staupefigur‹ auf dem Marktplatz von Tønder mahnt Gesetzestreue an

Historischer, königlicher Krug von 1842 mit modernem Komfort. Das stilvolle Hausrestaurant serviert ausgezeichnete Fischgerichte.

30 Tønder

Klöppelkunst und Weihnachtsmarkt in den Marschen des Südwestens.

Tønder gilt als Hauptstadt des Marschlandes von Südwestjütland. Die 13 000 Einwohner zählende Gemeinde liegt am Ufer des Flusses Vidå unmittelbar nördlich der heutigen deutsch-dänischen Grenze und ist u. a. Heimat einer nennenswerten deutschsprachigen Minderheit. Im Mittelalter war Tønder noch Hafenstadt, doch nachdem ab dem 16. Jh. entlang der Küste zum Schutz gegen die Nordseefluten Deiche errichtet wurden, versandete der Zugang zum Meer. Danach wandten sich die Frauen und Mädchen des Ortes dem Klöppeln von Spitze zu. Der Export der filigranen Handarbeiten brachte beachtlichen Reichtum, wovon die prächtigen *Patrizierhäuser* aus dem 17. Jh. entlang der alten Hauptstraßen Østergade, Storegade und Vestergade zeugen.

Der 50 m hohe achteckige Turm der **Kristkirken** (Kirkepladsen, tgl. 10–16 Uhr) überragt die Dächer der Altstadt an der Vidå und diente früher sogar als Landmarke für Schiffe, die vor der nahen Küste segelten. Das ursprünglich im 14. Jh. gotisch errichtete Gotteshaus wurde ab 1591 mit Renaissanceelementen überformt. Im lichten dreischiffigen Innenraum fallen besonders die Kanzel von 1586 im Hauptschiff auf sowie links vom Altar das von Ambders 1686 im Stil der niederländischen Meister gemalte Bild ›Darbringung im Tempel‹. In der Nähe ist ein runder einstiger Wasser- zum Museumsturm, dem **Museumstårnet**, umgebaut. Im Turm und weiteren Gebäuden sind Kunstausstellungen und die **H. J. Wegner Udstilling** (Kongevej 51, www.museum-sonderjylland.dk, Juni–Aug. tgl. 10–17, Sept.–Mai Di–So 10–17 Uhr) zu sehen. Sie zeigt Kreationen des in Tønder gebürtigen Hans J. Wegner (1914–2007), eines Protagonisten des modernen dänischen Möbeldesigns.

Zwei Festivitäten locken im Sommer und im Winter besonders viele Besucher ins schöne Tønder. Ende August versammeln sich rund 25 000 Musikfans aus nah und fern beim **Tønder Festival** (Info-Büro Vestergade 80, Tel. 74 72 46 10, www.tf.dk), bei dem Volksmusikgruppen aus aller Welt auftreten. Eine Besonderheit in Dänemark ist der Weihnachtsmarkt **Julemarket**, der seit 1994 von Mitte November bis zum Wochenende vor Weihnachten auf dem Torvet und in den umliegenden Straßen stattfindet. Bis aus Hamburg kommen die Gäste, um die gemütliche Atmosphäre zwischen den Buden und Ständen zu genießen, sich vom riesigen Angebot an Kunsthandwerk, Dekorationen und Geschenken inspirieren zu lassen, in der Gamle Apotek (Østergade 1) Weihnachtsschmuck zu bewundern und um sich mit *Gløgg*, dem gehaltvollen Weinpunsch, zu wärmen.

Møgeltønder

Wer sich in Tønder aufhält, sollte unbedingt das 4 km weiter westlich gelegene Møgeltønder besuchen, ein **Bilderbuchdorf** mit Fachwerkhäusern aus dem 17. und 18. Jh. entlang der lindenbestandenen Slotsgade. Die Allee führt am östlichen Ortsrand auf **Schackenborg Slot** (17. Jh.) zu, wo Prinz Joachim von Dänemark und seine zweite Frau, Prinzessin Marie, leben. Im Juni, Juli und August ist der Schlosspark für halbstündige geführte Besichtigungen (genaue Zeiten beim Tønder Turistbureau erfragen, auch Tickets gibt es dort) geöffnet.

Fresken aus dem 13. Jh., der Entstehungszeit der Kirche, schmücken die Innenwände der wuchtigen **Møgeltønder Kirke** (Slotsgade, tgl. 8–16 Uhr). Daneben sind ein romanischer *Taufstein* und eine barocke *Kanzel* aus dem 16. Jh. sehenswert. Besonders lohnt ein Besuch, wenn auf der *Hamburger Orgel* von 1679 Konzerte gegeben werden (Tel. 74 73 85 96, Kirchensekretariat Tel. 74 75 45 45).

TOP TIPP Løgumkloster

Etwa 18 km nördlich von Tønder prägen die Ruinen des **Løgumkloster** (Slotsgade 11, Tel. 74 74 52 40, www.loegumkloster-kirke.dk, Mo–Sa 10–18.30, So 12–17 Uhr) das gleichnamige Dorf. Erhalten blieb ein eindrucksvoller Kirchenbau sowie ein Teil des früheren Ostflügels mit Bibliothek, Sakristei und Kapitelsaal. Sie gehörten zum 1173 gegründeten, ehemaligen Zisterzienserkloster *Locus Dei*, ›Ort Gottes‹, das während der Reformation aufgelöst wurde. Die erhaltenen Bauten vereinen mit Pfeilern sowie spitz- und rundbogigen Fensteröffnungen Elemente des romanischen und des frühgotischen Stils. In der schlichten *Kirche* bestechen der im 14. Jh. gefertigte Reliquienschrein mit 16, heute leeren Fä-

Kreuzfidel sind Musiker und Publikum beim Tønder Festival Ende August

chern sowie ein um 1300 entworfenes, gotisches Triumphkreuz. Vom separat stehenden, 25 m hohen modernen Kirchturm ertönt mehrmals am Tag das Geläut von nicht weniger als 49 Glocken.

Puppenstubenromantik verbreiten die niedlichen Katen in Møgeltønder

30 Tønder

ℹ Praktische Hinweise

Information
Tønder Turistbureau, Storegade 2-4, Tønder, Tel. 74 72 12 20, www.visittonder.dk

Hotels
TOP TIPP ****Schackenborg Slotskro**, Slotsgarden 42, Tønder, Tel. 74 73 83 83, www.slotskro.dk. Am historischen Gasthof mit ausgezeichnetem Restaurant ist Prinz Joachim von Dänemark, zweiter Sohn Königin Margrethes, beteiligt. Die 25 Zimmer sind individuell und stilvoll eingerichtet.

****Tønderhus**, Jomfruestien 1, Tønder, Tel. 74 72 22 22, www.hoteltoenderhus.dk. Gediegene Herberge inmitten des Ortes, mit kleinem Café und gutem Restaurant.

***Danhostel Tønder**, Sønderport 4, Tønder, Tel. 74 92 80 00, www.danhostel.dk/tonder. Günstige Herberge am Ortsrand im Grünen.

Restaurant
Stig's Restaurant, Sdr. Landevej 3, Tønder, Tel. 74 72 00 46. Winziges Restaurant mit exzellenter Küche. Unbedingt reservieren (wechselnde Öffnungszeiten).

Eine steife Brise ist den Drachenlenkern am Strand von Lakolk hoch willkommen

31 Rømø

Sylts nördliche Schwester lockt mit Traumstrand und viel Watt.

Die mit 99 km² größte dänische Insel in der Nordsee gehört zu den nordfriesischen Inseln. Die *Lister Tiefe* trennt das Eiland vom südlich benachbarten Sylt. Seit 1948 verbindet eine fast 10 km lange Dammbrücke Rømø mit dem Festland. 850 Einwohner verteilen sich auf mehrere winzige Siedlungen im Inselosten, doch in den Sommermonaten übersteigt die Zahl der Urlauberübernachtungen regelmäßig die Millionengrenze. Vor allem lieben die Gäste den breiten Sandstrand, der Rømøs gesamte Westküste umfasst.

TOP TIPP Der fast 800 m breite Strand bei **Lakolk** etwa ist ein Paradies für Badeurlauber und Windsurfer. Kilometerlang zieht sich der feine weiße Sand an der Küste hin, unendliche Weiten, nur im Norden der Insel durch ein militärisches Sperrgebiet begrenzt. Eines der reetgedeckten Häuser des Ortes Lakolk Tvismark beherbergt das Turistbureau. Unmittelbar dahinter lohnt der Besuch des kleinen **Naturcentret Tønnisgård** (Havnebyvej 30, Tel. 74 75 52 57, www.tonnisgaard.dk, Mitte März–Okt. Mo–Fr 10–16, Nov.–Mitte März Mo–Fr 10–15 Uhr) mit einer Ausstellung zu Flora und Fauna der Insel, das auch geführte Wanderungen durch Watt und Marsch anbietet.

Im Inselinneren kann man in lichten **Kiefernwäldern** spazieren gehen, in den **Feuchtgebieten** der Wattseite brüten Seevögel. Bei klarem Wetter kann man mit einem Fernglas und etwas Glück auf Sandbänken im Meer hier heimische Robben beim Sonnenbad beobachten.

In dem Ort *Toftum* nahe der Ostküste erinnert der **Kommandørgården** (Juvrevej 60, Tel. 74 75 52 76, http://natmus.dk/kommandoergaarden, Mai–Sept. Di–So 10–17, Okt. Di–So 10–15 Uhr), das frühere Wohnhaus eines Walfängerkapitäns aus dem 18. Jh., an die Seefahrertradition.

ℹ Praktische Hinweise

Information
Rømø Turistbureau, Nr. Frankel 1, Havneby Rømø, Tel. 74 75 51 30, www.romo.dk

Fähre
Rømø–Sylt Linie, Havneby, Tel. 73 75 53 03, 0 46 18 64 60 1 (dt.), www.syltfaehre.de. Havneby (Rømø)–List (Sylt)

Ungewöhnliches Erinnerungsstück: Walknochen vor dem Fremdenverkehrsbüro von Rømø

Sport

Rømø Cycler, Havnebyvej 60, Kongsmark, Tel. 22 34 13 85. Fahrradverleih.

Rømø Islændercenter, über Hotel Kommandørgården, Havnebyvej 201, Rømø, Tel. 74 75 51 22, www.kommandoergaarden.dk. Herrliche Ausritte im Wald oder am Strand, auch für Anfänger.

Drachenfliegen, Drachenfestival mit selbstgebauten Drachen am breiten Strand der Westküste am ersten Wochenende im September. danskdrageklub.dk

Nachtleben

Skibbroen, Skibbroen 6, Tel. 74 72 57 31, www.skibbroen.dk. Tanzkneipe mit regelmäßigen Konzerten.

Camping

Lakolk Strand Camping, Lakolk 2, Rømø, Tel. 74 75 52 28, www.lakolkcamping.dk. Großes Wiesengelände am Superstrand.

Hotels

***Hotel Kommandørgården**, Havnebyvej 201, Rømø, Tel. 74 75 51 22, www.kommandoergaarden.dk. Familienhotel in der Inselmitte, rund 2 km zum Sandstrand und 200 m zur Wattseite.

*****Danhostel Rømø**, Lyngvejen 7, Rømø, Tel. 74 75 51 88, www.danhostel.dk/romo. Preisgünstige Unterkunft in reetgedecktem ehem. Kommandantenhof.

Restaurant

Otto & Ani's Fisk, Havnepladsen, Havneby, Tel. 74 75 53 06. Beliebter Imbiss mit leckeren Fischspezialitäten.

32 Ribe

TOP TIPP *Wikingersiedlung und mittelalterliche Königsresidenz.*

Es macht Spaß, durch die kopfsteingepflasterten Gassen von Ribe (8100 Einw.) zu schlendern, vorbei an niedrigen Fachwerkhäusern und netten Geschäften aus rötlichem Backstein. Ribe gilt als Dänemarks älteste Stadt. Funde belegen, dass hier bereits im Jahr 710 Menschen siedel-

Hoch hinaus wollen die Störche in Ribe, die auf Schornsteinen ihre Nester bauen

Ribe

Sternförmig führen die mittelalterlich engen Gassen von Ribe auf die Domkirke zu

ten. Ab dem 9. Jh. war der Ort eines der wichtigsten **Handelszentren** der Wikinger, wozu nicht zuletzt der Hafen am Flüsschen Ribe Å beitrug. Dies schien dem Missionar Ansgar im Jahr 860 ein guter Platz für den Bau einer der ersten Kirchen Dänemarks. Anno 948 wurde Ribe **Bischofssitz** und um 1200 ließen die Könige der Valdemar-Dynastie in dem wichtigen Warenumschlagplatz eine *Residenz* errichten, das sog. **Riberhus** ❶, von dem jedoch nur noch wenige Steine im Nordwesten der heutigen Stadt aufeinander stehen. Mit der Versandung des Flüsschens Ribe Å im 17. Jh. begann der langsame Abstieg in die kleinstädtische Vergessenheit, der Ribe sein wunderbar erhaltenes mittelalterliches Stadtzentrum verdankt. Hier stehen mittlerweile über 110 Häuser unter **Denkmalschutz**

Gerne verweilt man in den fachwerkgeschmückten Cafés der Altstadt von Ribe

und auf den Dächern des Städtchens entdeckt man vereinzelt bewohnte Storchennester. Abends um 20 Uhr (im Sommer zusätzlich um 22 Uhr) macht ein historisch gewandeter Nachtwächter die Runde, der die Ruhezeit anmahnt.

Das imposanteste Bauwerk der Stadt ist die zentrale **Domkirke** ❷ (Torvet, Tel. 75420619, www.ribe-domkirke.dk, April, Okt. tgl. 11–16, Mai, Juni und Mitte Aug.–Sept. tgl. 10–17, Juli–Mitte Aug. tgl. 10–17.30 Uhr) am Westufer der Ribe Å. Sie wurde 1150–75 zunächst romanisch erbaut, nahm Anregungen der rheinischen Kirchenarchitektur auf und wurde später gotisch umgestaltet. Ihren *Nordwestturm* erhielt die fünfschiffige Kirche, die im Laufe der Zeit annähernd 2 m in den Marschboden eingesunken ist, erst 100 Jahre später, nachdem ein erster eingestürzt war. Treppen führen zu einer Aussichtsplattform in knapp 52 m Höhe, von der aus man einen weiten Blick ins Umland genießt. Früher diente das Südportal als Eingangstür, das nach den darauf angebrachten Torziehern in Form von Löwenköpfen *Kathoveddør*, ›Katzenkopftür‹, genannt wird. Das mittelalterliche Relief der Kreuzabnahme über dem Portal stammt wahrscheinlich aus der Entstehungszeit des Doms. Im hellen Kircheninneren ist der *Altarbereich* mit 1982–87 entstandenen Fresken, Mosaiken und Buntglasfenstern von Carl-Henning Pedersen (1913–2007) gestaltet, die in faszinierendem Spannungsverhältnis zur älteren Kirchenkunst ringsum stehen.

Das Museum Ribes Vikinger stellt die kühnen Nordleute auch als seekundige Händler vor

Auf halbem Weg zum Fluss liegt die **Sct. Catharinæ Kirke** ❸ (Sct. Catharinæ Plads, Mai–Sept. tgl. 10–12 und 14–17, Okt. bis April tgl. 10–12, 14–16 Uhr), die zu einem ab 1228 erbauten Dominikanerkloster gehört. Der heutige, eher nüchterne Bau stammt aus dem 15. Jh. Ausgezeichnet restauriert wurde der Kreuzgang.

Am Ostufer, jenseits der Ribe Å, informiert das wunderbar gestaltete **Museet Ribes Vikinger** ❹ (Odins Plads 1, Tel. 76163939, www.ribesvikinger.dk, April–Juni und Sept.–Okt. tgl. 11–16, Mai–Sept. Di, Do–So 10–17, Nov.–März Di–So 11–15 Uhr) zur Geschichte der Stadt während der Wikingerzeit und im Mittelalter. Lebensgroße Szenarien und modernste Technik präsentieren die Ausgrabungsergebnisse lebendig. Das Museumsteam

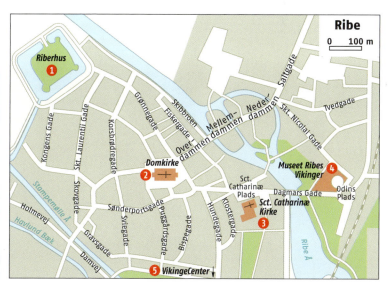

betreibt darüber hinaus archäologische Forschungen, vor allem auf historischen Siedlungsplätzen im Norden der heutigen Stadt Ribe.

Anschaulich geht es auch im **Vikinge-Center** ❺ (Lustrupvej 4, Tel. 75 41 16 11, www.ribevikingecenter.dk, 6. Mai–29. Juni und 26. Aug.–18. Okt. Mo–Fr 10–15.30 Uhr, 22. Juni–2. Juli und 1. Aug.–25. Aug. tgl. 11–17 Uhr, 3. Juli–31. Juli tgl. 11–20 Uhr) am südlichen Stadtrand zu, in dem ein Marktplatz aus dem 8. Jh. und eine Wikingersiedlung um 1050 nachgestellt sind. Zwischen den grob gezimmerten Ständen, einer Schmiede und geräumigen Holzhäusern kann man selbst erfahren, wie die legendären Nordmänner und -frauen lebten und arbeiteten.

Nationalpark Wattenmeer

Seit 2010 ist das Wattenmeer als größter Nationalpark Dänemarks unter Schutz gestellt. Die 147 000 ha große Schutzzone umfasst das Meer selbst mitsamt seinen Inseln, dazu die Halbinsel Skallingen, das Flusstal Varde und das Gebiet Marbæk. Auch Teile des eingedeichten Marschlands gehören dazu. Die Ernennung zum Nationalpark nahm der dänische Prinz Joachim in Ribe vor. Zur Region zählen mehr als 30 Inseln, von denen drei bewohnt sind: die Wattenmeerinseln Rømø, Fanø und Mandø. Auf der 8 km² großen Insel *Mandø* leben nur 70 Menschen, aber Zehntausende Vögel, wie Austernfischer, Strandläufer und Seeschwalben. Das Eiland ist ein Paradies für **Vogelbeobachter**. Am besten erreicht man es von Ribe aus mit einem der von Traktoren gezogenen *Mandøbusse* (Tel. 75 44 51 07, www.mandoebussen.dk, März–Okt).

Praktische Hinweise

Information

Ribe Turistbureau, Torvet 3, Ribe, Tel. 75 42 15 00, www.visitribe.dk

Hotels

TOP TIPP *****Dagmar**, Torvet 1, Ribe, Tel. 75 42 00 33, www.hoteldagmar.dk. Das älteste Hotel Dänemarks wurde in einem Gebäude von 1581 eingerichtet und nach der noch immer beliebten Königin Dagmar benannt. Das historische Ambiente ergänzt die exquisite Küche des Hotelrestaurants.

****Den Gamle Arrest**, Torvet 11, Ribe, Tel. 75 42 37 00, www.dengamlearrest.dk. Im ehem. Stadtgefängnis wird längst gediegene dänische Gastfreundschaft gepflegt.

Restaurants

Backhaus, Grydergade 12, Ribe, Tel. 75 42 11 01, www.backhaus-ribe.dk. Traditionslokal mit einheimischen Gerichten, mariniertem und gebackenem Fisch.

Sælhunden, Skibbroen 13, Ribe, Tel. 75 42 09 46, www.saelhunden.dk. Solide dänische Kochkunst in historischem Gemäuer am Hafen.

Natur genießen: Der Strand von Mandø gehört zum Nationalpark Wattenmeer

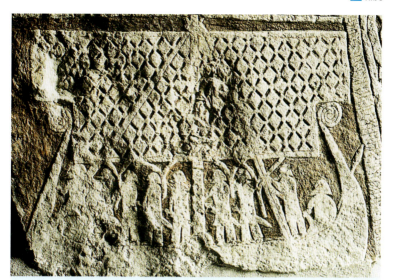

Ein Drachenboot voll Wikingerkrieger zeigt ein gotländisches Kalksteinrelief des 8. Jh.

Seefahrer, Händler und Eroberer

In Skandinavien hießen sie **Wikinger**, im Osten Europas kannte man sie als **Rus** oder **Waräger**, auch Nordmänner oder **Normannen** nannte man die Bewohner Nordeuropas im 7.–11. Jh.

Vor mehr als 1200 Jahren machten die tüchtigen Seefahrer in der ganzen damals bekannten Welt von sich reden, als Entdecker und Händler, aber auch Eroberer und Plünderer, mit ihren seetauglichen offenen Schiffen mit dem charakteristischen **Drachenkopf** am Bug und dem stromlinienförmigen Rumpf. Wikinger entdeckten und kolonisierten im 7. Jh. Island, ließen sich um das Jahr 1000 im Süden von Grönland nieder und setzten sogar auf das amerikanische Festland über, wo Archäologen 1961 auf der heute kanadischen Insel Neufundland Spuren von Wikingersiedlungen ausgruben. Nordmänner suchten die westeuropäischen **Küsten** und **Flussmündungen** heim, plünderten Hamburg, Paris, Lissabon, Sevilla und Pisa, drangen bis nach Sizilien und ins östliche Mittelmeer vor. Sie fuhren auf den russischen Flüssen, gelangten nach Byzanz, zum Kaspischen Meer und tauchten sogar in Bagdad auf. Bekannt wurden auch die später sog. **Normannen**, die ab Ende des 8. Jh. an englischen Küsten Siedlungen und Klöster überfielen. In Irland dagegen richteten sie eine Handelsstation ein und gründeten 839 Dublin. Um das Jahr 1013 herrschte der dänische König Sven Gabelbart über große Teile der britischen Inseln.

Doch die meisten Bewohner Dänemarks und anderer Länder Skandinaviens lebten friedlich als **Bauern**, tauschten Waren in Handelsplätzen wie Haithabu bei Schleswig, Århus oder Ribe. Überreste befestigter **Ringburgen** bei Trelleborg auf Seeland [Nr. 6] oder in Fyrkat bei Hobro [s. S. 110] zeigen Wikinger nicht als Angreifer sondern als Verteidiger ihrer eigenen Siedlungen.

Eindrucksvolle **Grabfunde** und **Runensteine** wie in Ladby [s. S. 72] bei Nyborg, Aalborg [Nr. 39] oder Jelling [Nr. 29] geben Auskunft über Lebensweise und Kultur der Nordleute. Sie entwickelten eine eigenständige Kunst mit charakteristischen, stilisierten Tier- und Pflanzenornamenten, die in ihrem religiösen Weltbild wurzelte. Odin, Freya, Thor und die anderen Götter der nordischen **Mythologie** wurden erst um die erste Jahrtausendwende langsam von der zentraleuropäischen christlichen Religion ersetzt. Parallel dazu ging die Wikingerzeit im Laufe des 11. Jh. langsam zu Ende und mit vollendeter **Christianisierung** war auch der Norden Teil Europa geworden.

Prachtstücke nordischer Backsteinarchitektur säumen den Marktplatz in Esbjerg

33 Esbjerg

Moderne Hafenstadt und hellsandige Traumstrände in ihrer Nähe.

Der Hafen ist Dreh- und Angelpunkt von Esbjerg (72 000 Einw.). Von hier läuft Dänemarks größte **Fischereiflotte** auf Fangfahrt aus, an den Kais legen die internationalen Fähren nach Harwich und Schweden ab, nebenan lagern Erdöl und Erdgas aus den Vorkommen unter der Nordsee in riesigen Stahltanks. In jüngster Zeit spielt hier auch die Windenergie eine wichtige Rolle: So ist das ca. 30 km vor Esbjerg liegende *Horns Rev* Standort eines gigantischen **Offshore-Windenergieparks** (www.hornsrev.dk). Die Stadt selbst wurde erst 1869 gegründet, nachdem Dänemark im 1. Deutsch-Dänischen Krieg Husum an Preußen verlor und einen neuen **Gewerbehafen** an der Nordsee benötigte.

Von dem 1897 nördlich nahe des Hafens als Wasserturm im Mittelalter-Look erbauten, 36 m hohen **Esbjerg Vandtårn** (Havnegade 22, April/Mai und Mitte Sept. bis Okt. Sa/So 10–16, Juni–Mitte Sept. tgl. 10–16 Uhr) hat man den besten Überblick über die Stadt. Daneben gelang den Architekten Jan Utzon und seinem Vater Jørn mit dem kubischen, 1997 vollendeten **Musikhuset Esbjerg** (www.mhe.dk) ein modernes Konzert- und Ausstellungsgebäude, in das auch das **Esbjerg Kunstmuseum** (Havnegade 20, www.eskum.dk, Tel. 75 13 02 11, tgl. 10–16 Uhr) mit seiner Sammlung dänischer Kunst ab 1920 sehr harmonisch integriert wurde.

Etwas weiter stadteinwärts widmet sich das **Esbjerg Museum** (Torvegade 45, Tel. 76 16 39 39, www.esbjergmuseum.dk, Juni–Aug. tgl. 10–16, Sept.–Mai Di–So 10–16 Uhr) der Stadtgeschichte und beeindruckt mit seiner *Bernsteinsammlung*.

Mennesket ved havet, ›Menschen begegnen dem Meer‹, nennt sich das Ensemble von vier je 9 m großen Sitzstatuen aus weißem Beton des zeitgenössischen Künstlers Svend Wiig Hansen (1922–1997), die im Norden Esbjergs am Strand von Sædding über die See blicken.

Fanø

Die kilometerlangen **Sandstrände** locken wohl die meisten Besucher, mit der Fähre von Esbjerg auf die vorgelagerte Badeinsel Fanø überzusetzen. Im Fährhafen *Nordby* wird in der **Fanø Skibsfarts- og Dragtsamling** (Hovedgarden 28, Nordby, www.fanoskibs-dragt.dk, 18. April–Sept. Mo–Sa 11–16, Okt. 11–13 Uhr) die große

Geschichte des Atlantikfischfangs im 19. Jh. lebendig und berichtet auch vom Leben der auf der Insel zurückgelassenen Fischersfrauen.

ℹ️ Praktische Hinweise

Information
Esbjerg Velkomstcenter, Skolegade 33, Esbjerg, Tel. 75 12 55 99, www.visitesbjerg.dk – **Fanø Turistbureau**, Skolevej 5, Nordby, Fanø, Tel. 70 26 42 00, www.visitfanoe.dk

Flugzeug
Esbjerg Airport, John Tranums Vej 20, Esbjerg, Tel. 76 12 14 00, www.esbjerg-lufthavn.dk. Hier starten Flüge u.a. nach Aberdeen (GB) und nach Amsterdam.

Fähren
DFDS Seaways, Dokvej 3, Esbjerg, Tel. 79 17 79 17, www.dfdsseaways.com. Verbindet Esbjerg mit Harwich (GB).

Fanø Færgen, Dokvej 5, Esbjerg, Tel. 70 23 15 15, www.faergen.dk. Setzt in 10 Min. von Esbjerg zur Insel Fanø über.

Sport
Fanø Cykler, Kirkevejen 67, 6720 Rindby Strand, Fanø. Mobil: (45) 27 91 54 41. Fahrradverleih für Inseltouren.

Mut zum Stilmix bewiesen die Erbauer des Aussichtsturmes Esbjerg Vandtårn

Die Monumentalfiguren des Denkmals ›Menschen begegnen dem Meer‹ am Strand von Esbjerg

33 Esbjerg

Camping

Feldberg Strandcamping, Rindby, Fanø, Tel. 75 16 24 90, www.feldbergcamping.dk. Von Hecken gegliedertes Wiesengelände am breiten Sandstrand.

Hvidbjerg Strand Feriepark, Hvidbjerg Strandvej 27, Blåvand, Tel. 75 27 90 40, www.hvidbjerg.dk. Hervorragend ausgestatteter Strandcampingplatz nördlich von Esbjerg.

Hotel

*****Sønderho Kro**, Kropladsen 11, Sønderho, Fanø, Tel. 75 16 40 09, www.sonderhokro.dk. Das reetgedeckte, efeuumrankte Hotel duckt sich dekorativ hinter die Dünen. Die Hotelküche ist köstlich.

Restaurant

Gammelhavn, Britanniavej 3, Esbjerg, Tel. 76 11 90 00, www.gammelhavn.dk. Moderne dänische Brasserie mit Ausblick am Hafenkai.

Nanas Stue, Sønderland 1, Sønderho, Fanø, Tel. 75 16 40 25, www.nanas-stue.com. Restaurant und Café, in dem gelegentlich Live-Musik stattfindet.

Der feste Sand von Vejers Strand bei Esbjerg erlaubt die Anfahrt mit dem Auto

34 Ringkøbing Fjord

Paradies für Strandliebhaber und Surfer.

Wie ein Binnensee wirkt der ovale Ringkøbing Fjord, zur Nordsee hin abgeschirmt durch den mehr als 60 km langen, doch maximal 2 km breiten Dünengürtel von **Holmsland Klit**. Im nördlichen Drittel stellt der *Hvide Sande Kanal* die Verbindung zur offenen See her. Im Dorf **Hvide Sande** präsentiert das **Fiskeriets Hus – Museum & Akvarium** (Nørregade 2 B, Tel. 97 31 26 10, www.fiskerietshus.dk, tgl. 10–16/17 Uhr) die Meeresbewohner der Nordsee wie des Ringkøbing Fjord und informiert über den harten Arbeitsalltag der hiesigen Fischer. Ansonsten säumen Hunderte von **Ferienhäusern** und mehr als ein Dutzend **Campingplätze** den sandigen Küstenstreifen, der sich von Søndervig im Norden über den Nehrungsbereich hinaus weitere 60 km bis Blåvand im Süden erstreckt.

Der relativ flache Ringkøbing Fjord hat wegen seiner konstanten Winde bei **Windsurfern** einen guten Ruf. Vor allem im Frühjahr und Herbst, wenn der Wind am stärksten bläst, werden hier regelmäßig Wettbewerbe in dieser Sportart ausgetragen. Gleichzeitig ist das ruhige Wasser des Fjords ein ideales Experimentierfeld auch für Anfänger in der Kunst

Vor dem grönländischen Hafen Uumannaq sind Eisberge ein alltäglicher Anblick

Färöer und Grönland – dänische Außenposten im Atlantik

Kaum zu glauben – Dänemark ist mit deutlich mehr als 2 Mio. km² Fläche nach Russland der zweitgrößte Staat Europas. Doch nur, wenn man die **Färöer-Inseln** und **Grönland** zur Landfläche dazurechnet, offiziell ›Gebiete mit innerer Autonomie im Staatsverband der dänischen Krone‹. Das heißt, die früheren Kolonien können nach Verfassungsänderungen und Staatsverträgen mit Kopenhagen viele ihrer Angelegenheiten selbst regeln, während Justiz sowie Außen-, Verteidigungs- und Währungspolitik nach wie vor in Kopenhagen bestimmt werden. Beide Territorien gehören im Gegensatz zu Dänemark vor allem wegen nachhaltiger Differenzen um Fischereirechte im Nordatlantik nicht der EU an. Grönlands Regierung, die seit März 2013 von der Sozialdemokratin Aleqa Hammond angeführt wird, strebt jedoch die staatliche Unabhängigkeit von Dänemark an und hofft auf hohe Einnahmen durch die Erschließung der reichen Bodenschätze, die unter dem Polareis liegen.

Von den 55 000 Einwohnern **Grönlands** sind etwa 90% **Inuit**. Die grönländische Hauptstadt Nuuk im Südosten, Kangerlussuaq am Søndre Strømfjord und alle anderen Küstenorte sind allein mit Flugzeugen oder im Sommer per Schiff erreichbar. Ein Straßennetz existiert nicht auf der überwiegend von bis zu 3000 m dicken Gletschern bedeckten Insel. Die Begegnung mit dem jahrtausendealten Eis im Landesinneren, an den Gletscherzungen oder zwischen den vor der Küste treibenden Eisbergen gehört neben der Mitternachtssonne im Sommer zu den überwältigenden Reiseeindrücken auf der Rieseninsel im hohen Norden.

Knapp 48 000 **Färinger**, davon ein Drittel in der Hauptstadt Thórshavn, leben auf den 18 regnerischen, oft sturmumtosten **Färöer Inseln**, den ›Schafinseln‹ im Dreieck zwischen Island, Norwegen und Schottland. Die ersten Menschen auf den Inseln waren wohl irische Mönche. Seit ihrer Besiedlung noch vor der ersten Jahrtausendwende unterstand die knapp 1400 km² große Inselgruppe immer fremder Herrschaft, zunächst von Norwegen, dann von Dänemark.

Bäume und Sträucher wachsen nur vereinzelt auf den bizarren Basalt- und Tuffsteinformationen der Färöer-Inseln, dafür nisten etwa 200 Vogelarten in den steilen Felsen. Ein wenig Schafzucht und vor allem der Fischfang sorgen für den Lebensunterhalt, dazu kommen für die Inselbewohner Unterstützungszahlungen aus Kopenhagen. Von Offshore-Probebohrungen erhofft man sich Ölfunde und einen wirtschaftlichen Aufschwung. Nur wenige Touristen suchen die Eilande im Jahr auf. Sie finden Einsamkeit, Ruhe, Wind und Wetter. Infos:

Greenland Tourism, Strandgade 91, 1010 København K, Tel. 32 83 38 80, www.greenland.com,

VisitFarøislands, Bryggjubakki 12, Postbox 118, 110 Tórshavn, Tel. 00 2 98-30 61 00, www.faroeislands.com,

Ringkøbing Fjord

Flach wie das Meer ist bei Hvide Sande am Ringkøbing Fjord auch das Land

auf dem wackeligen Brett das Gleichgewicht zu behalten.

Das Hafenstädtchen **Ringkøbing** am Nordende des Fjords war die frühere Hauptstadt der Westjüten. Heute bildet sie mit ihren reizenden kleinen Fachwerk- und Backsteinhäuschen aus dem 17.–19. Jh. ein beliebtes Ausflugsziel für Sommergäste und Badetouristen. Auf einer Halbinsel am entgegengesetzten Ende des Fjords zeigt ein Wegweiser zur **Skov- og Naturstyrelsen Tipperne** (Tel. 75 28 90 36, www.naturstyrelsen.dk). Entlang eines 2 km langen Pfads und von einem Beobachtungsturm blickt man über ausgedehnte Schilf- und Feuchtgebiete, in denen im Herbst gerne Zugvögel rasten.

Praktische Hinweise

Information

Ringkøbing Turistservicekontor, Vestergade 2, Ringkøbing, Tel. 70 22 70 01, www.visitvest.dk – **Hvide Sande Turistservicekontor**, Nørregade 2 B, Hvide Sande, Tel. 70 22 70 01, www.hvidesande.dk

Der Ringkøbing Fjord bietet Surfspots für jeden Schwierigkeitsgrad

Sport

Ringkøbing Cykel Center, Søndervigvej 7, Ringkøbing, www.cykel-center.dk, Tel. 97 32 44 77. Das Sportfachgeschäft vermietet Fahrräder für Groß und Klein.

Westwind Nord, Gytjevej 15, Hvide Sande (am Fjordufer), Tel. 97 31 25 99, www.westwind.dk. Verleih und Kurse für Windsurfer und Kiter.

Camping

Nordsø Camping, Tingodden 3, Årgab, Hvide Sande, Tel. 96 59 17 22, www.nordsoe-camping.dk. Hervorragende Anlage zwischen Dünen und Nordsee, mit Swimmingpool und Kinderspielplatz.

Hotels

******Fjordgården**, Vester Kær 28, Ringkøbing, Tel. 97 32 14 00, www.fjordgaarden.dk. Komfortable Zimmer, nördlich des Ortes, gutes Restaurant Helten.

Danhostel Hvide Sande, Numitvej 5, Hvide Sande, Tel. 97 31 21 05, www.hvide sande.dk/danhostel. Mehrbettzimmer für Jugendliche sowie Familienzimmer nicht weit vom Strand.

Restaurants

TOP TIPP **Henne Kirkeby Kro**, Strandvejen 234, 6854 Henne, Tel. 75 25 54 00, www.hennekirkebykro.dk. Wunderbare Kreationen von Paul Cunningham, Übernachtungsmöglichkeiten.

Sandgaarden, Badevej 12, Søndervig, Tel. 97 33 83 99, www.kurtkjaer.dk. Köstliche Fischgerichte, mit Fantasie zubereitet.

35 Silkeborg

Malerisches Seenhochland um den Himmelbjerg.

Geheimnisvolle Moorleiche: Warum musste der Tollund-Mann sterben?

Silkeborg (43 000 Einw.), die erst Mitte des 19. Jhs. gegründete Industriestadt, liegt dekorativ am *Langsø*, einem der zahlreichen kleinen Gewässer der **dänischen Seenplatte** in der Mitte Jütlands. Vor allem holz- und papierverarbeitende Gewerbe siedelten sich wegen der reichen Rohstoffvorräte in den umliegenden Wäldern und der günstigen Wasserkraft gern hier an.

Frühzeitliche Besiedlung belegen die Exponate im **Silkeborg Museum** (Hovedgårdsvej 7, Tel. 86 82 14 99, www.silkeborg museum.dk, Mai–Mitte Okt. tgl. 10–17, Mitte Okt.–April Sa/So 12–16 Uhr) östlich vom Torvet. Das spektakulärste Ausstellungsobjekt ist der 2400 Jahre alte sog. *Tollund-Mann*, der 1950 in einem nahen Moor gefunden wurde. Eine Lederschlinge um seinen Hals begründet die Vermutung, dass er ebenso wie das 1938 gefundene, ebenfalls ausgestellte *Elling-Mädchen* in der Eisenzeit den Göttern geopfert worden war.

Mit der Moderne befasst sich das **Museum Jorn** (Gudenåvej 7–9, Tel. 86 82 53 88, www.museumjorn.dk, Di–So 10–17 Uhr).

Hafen mit Schiffsstation am Fluss Gudenå in Silkeborg auf Jütland

Ein Schwerpunkt der Sammlung liegt auf den dänischen Vertretern der Künstlergruppe COBRA (**CO**penhagen, **BR**üssel, **A**msterdam) um den in Struer südlich des Limfjords geborenen Maler Asger Jorn (1914–1973). Neben einigen seiner Meisterstücke sind auch Werke der abstraktspontanen Kunst des 20. Jh. von Künstlerkollegen wie Erik Nyholm, Egil Jacobsen oder anderen zu sehen.

Etwas Besonderes ist auch das **AQUA Ferskvands Akvarium** (Vejsøvej 55, Tel. 89 21 21 89, www.visitaqua.dk, Juli–Anf. Sept. tgl. 10–18, sonst Mo–Fr 10–16, Sa/So 10–17 Uhr, Mitte Dez.–Jan. geschl.), ein verglaster Rundbau südlich vom Langsøj-See. Er ermöglicht den Besuchern einen faszinierenden Spaziergang unter Wasser durch Süßwasseraquarien. Dabei sieht man Fischotter, Haubentaucher, Enten, Lurche und natürlich zahlreiche Fische.

Anmutig bietet sich die Landschaft zwischen Silkeborg und Skanderborg dem Jütland-Reisenden dar: Wälder und Hügel, einige Felder und kleine Seen, durch die *Gudenå* miteinander verbunden, den längsten Fluss Dänemarks, der dem *Randers Fjord* entgegenströmt. Die **Hjejlen** (Tel. 86 82 07 66, www.hjejlen.com) schippert in der Sommersaison zweimal täglich vom Hafen in Silkeborg die Gudenå bis zum Anleger Himmelbjerget und zurück. Der historische *Ausflugsdampfer* mit königlichem Wappen, geputzten Messingbeschlägen und roten Teppichen ist ein wahrhaft feudaler Anblick.

Der 147 m hohe Gipfel des **Himmelbjerget** wird noch von einem 25 m hohen Aussichtsturm, dem **Himmelbjergtårnet** überragt (Okt. und Palmsonntag–April Sa/So 10–17 Uhr, Mai/Juni tgl. 10–17, Juli tgl. 10–19, Aug.–Mitte Sept. tgl. 10–18). Der Aufstieg wird von einem weiten Panoramablick über die bewaldete Seenplatte belohnt. Der wuchtige Turm wurde 1874–75 zum Gedenken an die demokratische Verfassung von 1849 errichtet, die den Untertanen erstmals bürgerliche Freiheiten gewährte und den Absolutismus abschaffte.

Herning

In der gut 20 km westlich von Silkeborg gelegenen Stadt öffnete 2009 **HEART – Herning Museum of Contemporary Art** (Birk Centerpark 8, Tel. 97 12 10 33, www.heartmus.dk, Di–So 10–17) seine Pforten. Der markante strahlend weiße Bau des amerikanischen Stararchitekten Steven Holl beherbergt eine hochkarätige Sammlung konzeptueller und experimenteller Kunst ab den 1960er-Jahren (Piero Manzoni, Bjørn Nørgaard, Joseph Beuys, Mario Merz u.a.). Darüber hinaus werden regelmäßig Wechselausstellungen veranstaltet.

Praktische Hinweise

Information
Silkeborg Turistbureau, Torvet 2A, Silkeborg, Tel. 86 82 19 11, www.silkeborg.com

Fisch und Mensch stehen sich im AQUA Ferskvands Akvarium in Silkeborg neugierig gegenüber

Aussichtsreicher Himmelbjerget: ringsum Wälder und Seen, soweit man schauen kann

Hotels

****Dania, Torvet 5, Silkeborg, Tel. 86 82 01 11, www.hoteldania.dk. Moderner Komfort in Herberge von 1846.

**Himmelbjerget, Ny Himmelbjerget Vej 20, Ry, Tel. 86 89 80 45, www.hotel-himmelbjerget.dk. Das höchstgelegene Hotel Dänemarks bietet den Charme der 1920er-Jahre. Mit Restaurant.

Restaurants

Brygger Bauers Grotter, Sct. Mathias Gade 61, Viborg, Tel. 86 61 33 00, www.bryggerbauersgrotter.dk. Uriges Kellerlokal in ehem. Braustuben (So/Mo geschl.).

Karoline Amalie, Uglesøvej 1, Virklund (südl. von Silkeborg), Tel. 86 83 74 92, www.karolineamalie.dk. Restaurant mit schönem Garten. Besonders zu empfehlen sind die hervorragenden Fischgerichte (Fr/Sa, sonst nur nach Voranm.).

Kongensbro Kro, Gamle Kongevej 70, Ans (nördl. von Silkeborg), Tel. 86 87 01 77, www.kongensbro-kro.dk. Ur-dänischer Gasthof von 1663 mit legendären *frikadeller* und köstlichen Forellen. Einige Gästezimmer.

36 Aarhus

Lebenslustige Universitäts- und Handelsstadt mit langer Geschichte.

Die mit über 256 000 Einwohnern zweitgrößte Stadt Dänemarks, kulturelles Zentrum und **Universitätsstadt** mit einem schön angelegten **Hafen**, ist die Kapitale Jütlands und des dänischen Westens überhaupt. Die Wirtschaftkraft der Metropole basiert auf Unternehmen der Nachrichtentechnik und Elektronikbranche, auf Maschinenbau und Verarbeitung landwirtschaftlicher Produkte, auf Möbelproduktion und Designbüros.

Aus einer **Wikingersiedlung** an der Mündung des Flüsschens Å ins südliche Kattegat wuchs im 9. Jh. schnell ein Städtchen heran, das schon 928 zum Bischofssitz ernannt wurde. Im Mittelalter wurde die Bevölkerung der Stadt von der Beulenpest heimgesucht und hatte unter dem Dreißigjährigen Krieg zwischen katholischer Liga und protestantischer Union stark zu leiden. Erst die Industrialisierung Mitte des 19. Jh. und der damit einhergehende Bau der Eisenbahn gaben neue Impulse.

Im Zentrum der Innenstadt, nahe den Hafenkais erhebt sich die dem hl. Clemens geweihte Kathedrale der **Aarhus Domkirke** ❶ (Store Torv, Mai–Sept. Mo, Mi–Sa 9.30–16, Di 10.30–16, Okt.–April Mo, Mi–Sa 10–15, Di 10.30–15 Uhr). Der rote Backsteinbau wurde um 1200 als romanische Basilika begonnen, doch nach 1400 im gotischen Stil umgebaut. Er wird an Ausmaßen in Dänemark von keinem anderen übertroffen: Der Kirchturm ist 93 m hoch, das Kirchenschiff ebenso lang. Im Kircheninneren verdienen die geschnitzte *Renaissance-Kanzel* aus dem 16. Jh. und ein figurenreiches *Triptychon* des Lübecker Schnitzers Bernt Notke aus dem 15. Jh. besondere Beachtung.

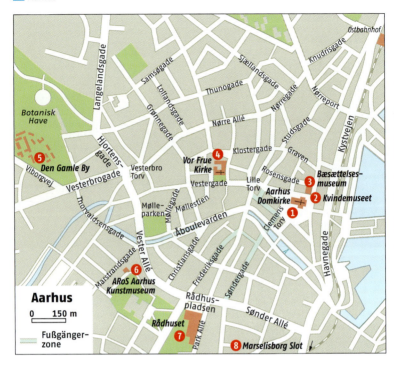

Im alten Rathaus von 1857 gegenüber dem Dom zeigt das **Kvindemuseet** ❷ (Domkirkeplads 5, Tel. 86186470, www.kvindemuseet.dk, Di–So 10–16 Uhr, Mi bis 20 Uhr) Exponate zu Geschichte, Kultur und Alltag dänischer Frauen und dokumentiert verschiedene Frauenbiografien. Ein Nebeneingang führt ins **Bæsættelsesmuseum** ❸ (Mathilde Fibigers Have 2, Tel. 86184277, www.besaettelsesmuseet.dk, Juni–Aug. Di–So 11–16, sonst Di/Sa/So 11 bis 16 Uhr) im selben Gebäude, das über die Zeit der deutschen Besatzung 1940 bis 45 und über den dänischen Widerstand informiert.

Nordwestlich des Doms wurde im 13.–15. Jh. die **Vor Frue Kirke** ❹ (Frue Kirkeplads, Sept.–April Mo–Fr 10–14, Sa 10–12, Mai–Aug. Mo–Fr 10–16, Sa 10–12 Uhr) auf den Grundmauern einer Vorläuferkirche von 1060 erbaut, zunächst als Kirche eines heute nicht mehr existierenden Dominikanerklosters. Mauerreste der Ursprungskirche sind in der *Krypta* unter der Kanzel restauriert. Die größte Sehenswürdigkeit im Inneren der gotisch umgestalteten Liebfrauenkirche ist ein *Altaraufsatz* von 1520 mit einer Vielzahl geschnitzter Figuren aus der Werkstatt des Lübecker Schnitzers Claus Berg. Erst 1956 wurde bei Restaurierungsarbeiten unter dem Langhaus die dreischiffige Krypta einer Vorgängerkirche freigelegt.

Einige Straßenzüge westlich breitet sich der Botanische Garten, *Botanisk Have*, aus. In seinem südlichen Teil liegt die bekannteste Attraktion von Aarhus,

TOP TIPP **Den Gamle By** ❺ (Viborgvej 2, Tel. 86123188, www.dengamleby.dk, 2. Jan.–8. Febr. tgl. 11–15 Uhr, 9. Febr.–22. März tgl. 10–16 Uhr, 23. März–28. Juni und 12. Aug.–30. Dez. tgl. 10–17 Uhr, 29. Juni–11. Aug. tgl. 10–18 Uhr). Mehr als 75 historische Gebäude aus allen Teilen Jütlands erwecken den Eindruck einer ›Alten Stadt‹ aus dem 16.–19. Jh. Man kann durch die Gassen zwischen Fachwerkhäusern herumschlendern, das alte Postamt, die Bäckerei oder eine traditionelle Buchbinderei erkunden und sich im Haus eines reichen Kaufmanns oder in der Werkstatt eines Hutmachers einstigen Lebens- und Arbeitsalltag vor Augen führen lassen.

Der kubistische Museumsbau des **ARoS Aarhus Kunstmuseum** ❻ (Aros Allé 2, Tel. 87306600, www.aros.dk, Di, Mi, Fr–So 10–17, Do 10–22 Uhr) der Architektengemeinschaft Schmidt, Hammer & Lassen ist mit seinem an das New Yorker Guggenheim Museum erinnernden Spiralaufgang selbst eine Attraktion. Die Sammlung gibt einen guten Überblick über die dänische Malerei vom 18. Jh. bis heute.

Ebenfalls südlich der Å wurde 1941, zum Jubiläum der 1000-jährigen Stadtgründung, das neue **Rådhuset** ❼ (Rådhuspladsen, Mo–Fr 9–16 Uhr) nach Plänen der Architekten Arne Jacobsen und Erik Møller fertiggestellt. Der mit norwegischen Marmorplatten verkleidete Bau gilt als Markstein der funktionalen dänischen Moderne. Durch außen liegende vertikale Steinstreben wirkt der 60 m hohe *Rathausturm* (Besteigung: Juli/Aug. Di/Do 14 Uhr) sehr markant. Von seiner umlaufenden Aussichtsgalerie genießt man einen herrlichen Blick über Stadt und Umland bis hinaus aufs Meer.

Das weiße Palais von **Marselisborg Slot** ❽, 2 km südlich der Stadt, dient dem dänischen Königshaus seit über 100 Jahren als Sommerresidenz. Das Innere des Zweiflügelbaus (1899–1902) kann nicht besichtigt werden, allerdings sind die *Gärten* in den Monaten, in denen das Anwesen nicht bewohnt ist, öffentlich zugänglich. Ist die Königin anwesend, bietet der zeremonielle *Wachwechsel* um 12 Uhr vor dem Schloss einen prächtigen Anblick.

🛈 Praktische Hinweise

Information

VisitAarhus, Banegårdspladsen 20, Aarhus, Tel. 87 31 50 10, www.visitaarhus.com. Hier ist die **AarhusCard** erhältlich, die freie Fahrt mit den Stadtbussen ermöglicht sowie freien oder ermäßigten Eintritt bei diversen Attraktionen.

In den Sommermonaten können 450 City-Bikes kostenlos genutzt werden.

Flughafen

Aarhus Lufthavn, Stabrandvej 24, Kolind (ca. 40 km nordöstlich von Aarhus), Tel. 87 75 70 00, www.aar.dk. Flüge nach Kopenhagen, London, Stockholm und Oslo.

Fähren

Mols-Linien, Pier 1, Aarhus, Tel. 70 10 14 18, www.mols-linien.dk. Verbindungen nach Sjællands Odde (Fährhafen Odden) an der Nordwest-spitze von Seeland.

SamsøFærgen, Tel. 70 23 15 15, www.faergen.dk. Verbindet Hou mit Sælvig auf Samsø.

Einkaufen

Galleri Bo Bendixen, Møllegade 30, Aarhus, Tel. 86 13 80 99, www.bobendixen.dk. Drucke und andere Grafikprodukte.

Das Freilichtmuseum Den Gamle By lässt Dänemarks Vergangenheit lebendig werden

Hotels

****Best Western Hotel Ritz, Banegårdspladsen 12, Aarhus, Tel. 86 13 44 44, www.hotelritz.dk. Stilvolles Businesshotel im Zentrum der Stadt mit exzellentem Restaurant René.

****Helnan Marselis, Strandvejen 25, Aarhus, Tel. 86 14 44 11, www.helnan.info. Architektur und Design sind skandinavisch klar, die Zimmer verfügen über Meerblick. Das Haus mit Restaurant liegt im Süden von Aarhus an der Küste.

Restaurant

Restaurant Koch, Pakkerivej 2, Aarhus, Tel. 86 18 64 00, www.kocherier.dk. Vorzügliche dänische Küche mit wunderbarem Blick über Marina und Bucht von Aarhus (nur abends).

Café Viggo, Åboulevarden 52, Aarhus, Tel. 86 19 00 11, www.cafeviggo.dk. Entspannte Stimmung und gute Qualität am Flüsschen in der Aarhuser City.

37 Djursland

Idyllischer, meerumspülter ›Apfelgarten‹.

Die Nase Dänemarks nennt man die in die Ostsee vorspringende **Halbinsel** Djursland. Herrschaftliche Landsitze verteilen sich im hügeligen Land, in dem sich Obstplantagen mit Feldern und Wäldern abwechseln.

TOP TIPP Mit seinen schmalen, kopfsteingepflasterten Straßen und den bunt gestrichenen Fachwerkhäuschen begeistert der Ort **Ebeltoft** ganz im Süden der Halbinsel. Der Ortsname bedeutet übersetzt ›Apfelgarten‹, was das idyllische gartenähnliche Umland der malerischen Kleinstadt treffend beschreibt. Typisch für die hübsche Innenstadt aus dem 17. und 18. Jh. ist das alte Rathaus, **Det gamle Rådhus** (Juulsbakke 1, Sep–Mai Do–So 12–15, Juni–Aug Di–So 10–16), von 1789 im Stadtzentrum. Das geduckte Fachwerkhäuschen mit dem achteckigen Glocken tragenden Dachreiter ist längst zum stadthistorischen *Ebeltoft Museum* umgestaltet. Hier ist auch der Ausgangspunkt der Nachtwächter, die während der Sommermonate abends ab 20 Uhr ihre Runden drehen. Nahe dem Hafen zeigt das **Glasmuseet** (Strandvejen 8, Tel. 86 34 17 99, www.glasmuseet.dk, Juli–Aug. tgl. 10–18, April–Juni und Sept.–Okt. tgl. 10–17, Nov.–März Di–So 10–16 Uhr) dekorative Glaskunst und funktionales Glasdesign aus Dänemark und von 600 Künstlern aus aller Welt.

Gegenüber liegt im Trockendock am Hafen der mit 42 Kanonen bestückte Dreimaster **Fregatten Jylland** (S. A. Jensensvej 2, Tel. 86 34 10 99, www.fregatten-jylland.dk, Aug./Sept. tgl. 10–17, Okt. tgl. 10–16, Nov. tgl. 10–15 Uhr). Die 1860 noch aus Eichenholz erbaute Fregatte kämpfte zuletzt vor Helgoland gegen preußisch-österreichische Militärverbände und wurde im Jahr 1887 aus dem aktiven Dienst

Dänische Gemütlichkeit strahlen die geduckten Fachwerkhäuser von Ebeltoft aus

Djursland

Auf der Robbenbank im Osten von Anholt genießt eine Mönchsrobbe ihr Sonnenbad

genommen. Wer schon immer erleben wollte, wie man Sandtigerhaie füttert, sollte sich nach **Grenaa** zum **Kattegatcentret** (Færgevej 4, Tel. 86 32 52 00, www.kattegatcentret.dk, tgl. 10–16 Uhr) aufmachen. Im dortigen Acryltunnel ist man nur wenige Zentimeter von der Unterwasserwelt getrennt. Zwar drücken sich die meisten Nasen an den Scheiben bei den tropischen Fischen platt, doch auch die Abteilung zu Flora und Fauna des Kattegat ist sehenswert. Außerdem informiert das Zentrum über die weltweite Gefahr der Meeresverschmutzung. Im Oceanarium darf man übrigens auch selbst tauchen.

TOP TIPP Anholt

Eine Fähre von Grenaa (s.u.) erreicht die etwa 22 km² große Flugsandinsel im Kattegat in knapp 3 Stunden. Das Eiland Anholt (www.anholt.dk) ist etwas für Naturliebhaber, die etwa beim Vogelschutzgebiet **Flakket** im Nordwesten und beim Beobachten der vorgelagerten **Robbenbank** im Osten auf ihre Kosten kommen.

Freizeitkapitäne schätzen die *Marina* der Insel, die insgesam,t 350 Liegeplätze bietet. Vor allem aber ist Anholt für seinen feinen **Sandstrand** bekannt, der den größten Teil der Insel umgibt und zu den besten Dänemarks gehört. Ihn wissen auch die rund 60 000 Gäste zu schätzen, die das gerade einmal 150 ständige Einwohner zählende Anholt jedes Jahr besuchen, viele von ihnen zum wiederholten Mal.

Praktische Hinweise

Information
Ebeltoft Turistbureau, S. A. Jensensvej 3, Ebeltoft, Tel. 86 34 14 00, www.visitdjursland.com – **Grenaa Turistbureau**, Torvet 1, Grenaa, Tel. 87 58 12 00, www.visitdjursland.com

Fähren
Anholt–Grenaa, Færgevej 1, Grenaa, Tel. 86 32 36 00, www.anholtfergen.dk. Die Fähre schafft die Strecke in weniger als 3 Stunden.

Hotel
******Molskroen**, Hovedgaden 16, Femmøller Strand, Ebeltoft, Tel. 86 36 22 00, www.molskroen.dk. Geschmackvoll zu einem großzügigen Badehotel restaurierter Gasthof mit Zimmern und Apartments am Meer, exzellentes Restaurant.

Camping
Blushøj Camping, Elsegårdevej 55, Ebeltoft, Tel. 86 34 12 38, www.blushojcamping.dk. Terrassenförmiger Platz in Naturgelände direkt an der Ostsee.

Restaurant
ES, Ndr. Strandvej 3, Ebeltoft, Tel. 86 34 33 00, ebeltoftstrand.dk. Im modernen Restaurant wird saisonale Frischeküche serviert, vorzugsweise mit Produkten aus der Umgebung.

Mellem Jyder, Juulsbakke 3, Ebeltoft, Tel. 86 34 11 23, www.mellemjyder.dk. Dänische Küche in altem Fachwerkhaus.

Nordjütland – Nordseestrand und Waldeinsamkeit

Von *Agger* bis an die Spitze Jütlands bei *Grenen* zieht sich entlang der Westküste ein fast 300 km ununterbrochener **Sandstrand** hin, gesäumt von Steilküste, Dünen, Heideflächen und Küstenwäldern. Ein wahres **Urlaubsparadies** für die Bewohner der zahlreichen Ferienhauskolonien und Campingplätze, vor allem, wenn die Sommersonne die Nordsee auf Badetemperaturen erwärmt. Doch auch Frühjahr und Herbst finden ihre Liebhaber, die einsamere Strände bevorzugen. Meeresarme und verzweigte Fjorde ziehen sich weit ins Hinterland. An ihnen findet man in Orten wie *Hobro* am Mariagerfjord Spuren von **Wikingersiedlungen**. Die reizvollen, hügeligen Waldlandschaften von **Himmerland** südlich von *Aalborg* oder die Region Vendsyssel westlich von *Frederikshavn* ziehen vor allem Fahrradurlauber und Wanderer an.

Zu den abwechslungsreichsten und markantesten Landschaften Nordjütlands gehört zweifellos der **Limfjord**. In vielfältigsten Verzweigungen zieht er sich auf mehr als 180 km Länge vom *Skagerrak* zum *Kattegat* quer durch das Land und macht den äußersten Norden Jütlands geradezu zu einer Insel. Denn seit 1825 ist er eigentlich kein Fjord mehr, sondern eine Wasserstraße, nachdem eine Sturmflut der Nordsee die vorher bestehende Landverbindung im Westen durchtrennte.

Bei **Skagen**, ganz im Norden von Jütland, ist zumindest die dänische Welt zu Ende. Der herbe Reiz der Heideflächen, Strände und riesigen Wanderdünen sowie der Zauber des sommerlichen Lichtes fasziniert immer mehr Urlauber. Sie folgen den Spuren der sog. *Skagenmaler*, die es bereits Ende des 19. Jh. in den friedlichen Fischerort gezogen hatte.

38 Mariagerfjord

Beschauliche Städtchen, Rosenplantagen und ein ›amerikanischer‹ Nationalpark.

An seinen Ufern begleitet von dichten Wäldern, Wiesen und Obstplantagen, hat sich der schmale, tiefe **Meeresarm** von Osten her gut 30 km weit ins Landesinnere eingekerbt. An einer Furt, wo schon im Mittelalter eine Fähre den Fjord querte, liegt an seinem Südufer **Mariager**, eine beschauliche Kleinstadtidylle. Die schma-

Raddampfer-Flair auf dem stimmungsvollen Mariagerfjord

38 Mariagerfjord

Fyrkat, einst trutzige Wikingerburg am Mariagerfjord, heute friedliche Schafweide

len Straßen sind noch mit Kopfstein gepflastert und vor den Fachwerkhäusern ranken Stockrosen, die ideale Kulisse für einen gemütlichen Bummel. Der Ort entwickelte sich um das bereits 1410 gegründete **Birgittinerkloster**, dessen einzig erhaltenen Gebäudeteil außer der Kirche heute das Amtsgericht nutzt. Stadtrechte erhielt Mariager 1592 mit damals nur 500 Einwohnern; heute sind es etwa 2500. Im Ortszentrum lohnt die weiß gestrichene gotische **Mariager Kirke** (Klostervej, tgl. 8–16 Uhr) einen Besuch. Sie wurde im 15. Jh. als Teil des Klosters erbaut, und selbst nach drastischen Restaurierungen in den nachfolgenden Jahrhunderten bestimmen die steilen, nach oben strebenden Linien noch immer den kreuzförmigen Innenraum. Sehr schön sind auch die um 1500 entstandenen *Wandmalereien*, die den kreuztragenden Christus zeigen, sowie ein geschnitzter barocker *Altaraufsatz*, den Abendmahl und Kreuzigung Christi schmücken.

Mariagerfjord

In **Danmarks Saltcenter** (Tel. 98 54 18 16, www.saltcenter.com, Mo 12–20, Di–Fr 10 bis 16, Sa/So 10–17 Uhr) am Fjordhafen erfährt man alles über die Salzherstellung vom Mittelalter bis in die Gegenwart. Zu dem Ausstellungszentrum gehört ein *Erlebnisbad*, in dessen salzhaltigen Fluten man wie im Toten Meer schwimmt.

Etwa 3 km südwestlich von *Hobro* am Ende des Mariagerfjords liegt die rekonstruierte Wikinger-Ringburg **Fyrkat** (Tel. 31 99 06 67, www.fyrkat.dk, Mai tgl. 10–16, Juni–Aug. tgl. 10–17, Sept. tgl. 10–15 Uhr). Die einst stark befestigte Anlage aus der Zeit um 980 ist besitzt heute wieder den aufgeschütteten, 4 m hohen Ringwall, ein 33 m langes Wikinger-Langhaus und Werkstätten.

Rebild Bakker

Weite Teile der eiszeitlichen Hügel nördlich des Mariagerfjord bedeckt der *Rold Skov*, mit fast 100 km² Dänemarks größtes zusammenhängendes Waldgebiet. In seinem Norden findet sich die von Wanderwegen durchzogene Heide- und Mischwaldidylle des Rebild Bakker. Dänischstämmige USA-Auswanderer kauften Anfang des 20. Jh. das 200 ha große Gebiet und machten es ihrem Mutterland als **Nationalpark** zum Geschenk. Jeden 4. Juli versammeln sich hier über 10 000 Amerikaner und Dänen, um beim *Rebild Fest* [s. S. 130] mit meist prominenten Gästen den Nationalfeiertag der USA zu begehen.

ℹ Praktische Hinweise

Information
Mariager Turistbureau, Torvet 1, Mariager, Tel. 70 27 13 77, www.visitmariagerfjord.dk

Schiff
Svanen, www.dssvanen.dk. Der Schaufelraddampfer kreuzt Mitte Mai–Sept. auf dem Mariagerfjord. Tickets und Fahrplan beim Turistbureau.

Hotel
*****Postgården**, Torvet 6 A, Mariager, Tel. 98 54 10 12, www.hotelpostgaarden mariager.dk. Historisches Hotel von 1710, mit gut ausgestatteten Zimmern und renommiertem Restaurant im Haus.

Restaurant
Rebild Hus, Skørping, Tel. 98 39 12 00, www.rebildhus.dk. Kräftige, dänische Küche und Wildgerichte beim Eingang zum Rebild Bakker.

39 Aalborg

Hafen und Handelsstadt mit hochprozentiger Tradition.

In aller Welt ist Aalborg für den hier hergestellten *Aalborger Aquavit* bekannt. Doch die rege **Universitätsstadt** (107 000 Einw.) lebt nicht nur von der Schnapsproduktion, auch wenn in der zentralen **Jomfru Ane Gade** ❶, einer Flanier- und Vergnügungsstraße mit fast 30 Gaststätten und Diskotheken, Schnaps und Bier in Strömen fließen. Vielmehr prägen Containerhafen, Schiffbau und Holzverarbeitung den Charakter der **Wirtschaftsmetropole**, die vor knapp 1000 Jahren erstmals schriftlich erwähnt wurde. Seehandel und Heringsfang machten Aalborg im 17. und 18. Jh. reich, doch musste die Stadt mit Beginn der Industrialisierung im 19. Jh. ihre Vorreiterrolle im Norden Jütlands an Århus abtreten.

Von der Spitze des 105 m hohen **Aalborgtårnet** ❷ (Søndre Skovvej 30, März–Okt. 11–17, Juli 10–17 Uhr), einem Aussichtsturm auf dem Hügel Skovbakken im Südwesten von Aalborg hat man einen fantastischen Ausblick über die Anlage des Ortes beiderseits des Limfjordes. Nordwestlich des Turmes prangt inmitten der kleinen Parkanlage des Aalborg Skulpturenpark das moderne Gebäude von **KUNSTEN** ❸ (Kong Christians Allé 50, Tel. 99 82 41 00, www.kunsten.dk, Febr.–April und Sept.–Nov. Di 10–21, Mi–So 10–17, Mai–Aug. und Dez.–Jan. Di–So 10–17 Uhr), Aalborgs Museum für Moderne Kunst. Der lichtdurchflutete Bau wurde schon 1972 nach Entwürfen der Finnen Alvar und Elissa Aalto sowie des Dänen Jean-Jacques Barnël fertiggestellt. Die Sammlung legt ihre Schwerpunkte auf abstrakte und experimentelle moderne Kunst, die dänisch-niederländisch-belgische

Jens Bang's Stenhus ist das größte Renaissance-Bürgerhaus Skandinaviens

Mit einem vielsagenden Relief zierte der Kaufmann Jens Bang sein Aalborger Wohnhaus.

Künstlergruppe CoBrA aus der Mitte des 20. Jh. [s. S. 102] z. B. ist mit Werken von Asger Jorn oder Arthur Köpke vertreten.

Aus der mittelalterlichen Altstadt am Südufer ragt die Barockspitze der im 15. Jh. gegründeten dreischiffigen **Budolphi Domkirke** ❹ (Algade, Sept.–Mai Mo–Fr 9–15, Sa 9–14, Juni–Aug. Mo–Fr 9–16, Sa 9–12 Uhr) heraus, ein Wahrzeichen der Stadt. Die weiß gekalkte Backsteinkirche ist St. Botulf geweiht, Schutzpatron der Seeleute. Innen sind vor allem die *Fresken* im Kirchenfoyer bemerkenswert, die u. a. groteske Zentaurenfiguren zeigen, ein vergoldeter *Barockaltar* sowie eine Ende des 17. Jh. mit Anleihen an die Renaissance geschnitzte *Kanzel*.

Einige Schritte weiter nördlich liegt in der Fußgängerzone das architektonische Schmuckstück der Altstadt, das privat genutzte **Jens Bang's Stenhus** ❺ (Østerågade 9). Der reiche Kaufmann Jens Bang hatte das fünfstöckige Wohnhaus 1624 mit ausschwingenden Giebeln im holländischen Renaissancestil inmitten der Stadt erbauen lassen. Trotz seines Vermögens gehörte Bang jedoch nicht dem Stadtrat an. Was er davon hielt, zeigt ein steinernes Gesicht an der Südseite seines Prachthauses, das zum gegenüberliegenden, eher bescheidenen alten Rathaus, dem **Gamle Rådhus** ❻, hin verschmitzt-hämisch die Zunge herausstreckt.

Nicht weit davon lädt das im 15. Jh. errichtete **Helligåndsklostret** ❼ (C. W. Obels Plads, Führungen über VisitAalborg) mit seinem stimmungsvollen Innenhof zu einer Ruhepause ein. Bereits seit 1431 wird die Klosteranlage als städtisches *Pflege- und Altenheim* genutzt, ist somit die älteste soziale Institution des Landes. Im Sommer kann man während einer Führung im früheren Kapitelsaal gut erhaltene *Fresken* mit biblischen Geschichten aus dem frühen 16. Jh. bewundern.

Mit kühn geschwungenen Formen prägt das Kultur- und Wissenszentrum **Utzon Center** ❽ (Slotspladsen 4, Tel. 76 90 50 00, www.utzoncenter.org, Di–So 10–17 Uhr) die Stadtsilhouette an der Hafenfront – das letzte Werk des weltberühmten, in Aalborg geborenen Architekten Jørn Utzon (1918–2008).

Dienten die Steine von Lindholm Høje als Schiffe für die Ewigkeit auf wogendem Grasmeer?

Plan S. 111 **40** Salling

Das Limfjordsmuseet in Løgstør ist im ehem. Haus des Kanalvogts aus dem 19. Jh. beheimatet

Ausflüge

Nur knapp 4 km nördlich von Aalborg dokumentiert das Gräberfeld von **Lindholm Høje** (immer zugänglich) mit rund 700 Begräbnisstätten aus der Wikingerzeit sowie das angegliederten **Lindholm Høje Museet** (Vendilavej 11, Tel. 99 31 74 40, April–Okt. tgl. 10–17, Nov.–März Di–So 10–16 Uhr), dass die Fjordenge schon vor 1000 Jahren besiedelt war. Es gibt viele ovale Steinsetzungen zu sehen, die als Schiffsrümpfe gedeutet werden.

Westlich von Aalborg hat sich in **Løgstør** am Limfjordufer mit dem Erlebniscenter **Limfjordsmuseet** (Kanalvejen 40, Tel. 98 67 18 05, www.limfjordsmuseet.dk, Ende März–Mitte Juni u. Sep–Okt Sa/So 10–17, Mitte Juni–Aug tgl. 10–17 Uhr Uhr) ein neues, spannendes Seefahrt- und Fischereimuseum etabliert, das eine historische Kleinschiffswerft besitzt und auch Bootstouren auf dem Fjord (Juli/Aug.) anbietet.

ℹ Praktische Hinweise

Information
VisitAalborg, Kjellerups Torv 5, Aalborg, Tel. 99 31 75 00, www.visitaalborg.com

Flugzeug
Der internationale **Lufthavn Aalborg** (Tel. 98 17 11 44, www.aal.dk) liegt 6 km westlich der Stadt.

Hotels
******Scheelsminde**, Scheelsmindevej 35, Aalborg, Tel. 98 18 32 33, www.scheelsminde.dk. Hotel mit exzellentem Restaurant.

****Aalborg Hotel**, Østerbro 27, Aalborg, Tel. 98 12 19 00, www.hotel-aalborg.com. Modernes Haus am Hafen.

Restaurant
Mortens Kro, Mølleå 4–6, Aalborg, Tel. 98 12 48 60, www.mortenskro.dk. Fantasievolle Spitzenküche.

CanBlau, Ved Stranden 5, Aalborg, Tel. 97 88 88 98, www.canblau.dk. Spanische Tapas mit dänischer Note, im Sommer mit Terrasse.

40 Salling

Buchenwälder, Heideflächen und eine mittelalterliche Burg am Limfjord.

Mit dem Fahrrad ist die **Halbinsel** Salling im Süden des Limfjords am Besten zu erkunden: an Rapsfeldern vorbei, auf gespurten Wegen über die Heide und durch Buchenwälder, oft die Wasser des Limfjord im Blick. An dessen steiles Südufer schmiegen sich die Häuser von **Skive** (21 000 Einw.), das dank seines regen Hafens im Jahr 1326 zur Stadt erhoben wurde. Nahe der Kais verdient insbesondere die reiche Bernsteinsammlung im funktionellen Gebäude des regionalhistorischen **Skive Museum** (Havnevej 14, Tel. 99 15 69 10, www.museumsalling.dk, Di bis So 11–17 Uhr) Beachtung. Hier ist auch das **Skive Kunstmuseum** untergebracht, das internationale moderne Kunst zeigt.

In der lieblichen Heidelandschaft von **Hjerl Hede** breitet sich auf einem weiten Gelände das **Hjerl Hedes Frilandsmuse-**

Salling

Die Mauern der Burg Spøttrup am Limfjord hielten so manchem Sturm der Zeit stand

um aus (Hjerl Hedevej 14, Vinderup, Tel. 97 44 80 60, www.hjerlhede.dk, wechselnde Öffnungszeiten, s. Webseite), mit Bauernhöfen, Mühle, Schmiede und Dorfkrug. Im Juli führen dort Bewohner auf Zeit das Leben in einem mittelalterlichen dänischen Dorf so originalgetreu wie möglich vor. Dasselbe gilt für das benachbarte, am **Vadsø** nachgestellte Steinzeitdorf.

Nordwestlich von Skive bewachte die im 15. Jh. am Westufer der Halbinsel Salling gegründete wuchtige Backsteinburg **Spøttrup** (Tel. 97 56 16 06, Di–So April 11 bis 17, Mai/Aug–Sep 10–17, Jun–Jul 10–18, Okt 11–16 Uhr) einst die ausgedehnten Ländereien des Viborger Bischofs. Die gut erhaltene, von Wall und Wassergräben eingefasste Festung ist eine der stimmungsvollsten Ritterburgen Dänemarks. Die gotischen Kellergewölbe und die Innenräume mit Rittersaal, Wohnräumen und Wehrgang können besichtigt werden.

ℹ Praktische Hinweise

Information
Skiveegnens Turistbureau, Østerbro 7, Skive, Tel. 96 14 76 77, www.skiveet.dk/visitskive

Sport
Tauchen, Salling Aquapark, Glyngøre, www.sallingaquapark.dk. Moderne kostenfreie Tauchanlage mit einem künstlichem Steinriff, Floß und verschiedenen Wracks.

Camping
Limfjords Camping & Vandland, Ålbæk Strandvej 5, Lihme bei Spøttrup, Tel. 97 56 02 50, www.limfjords.dk. Ganzjährig geöffneter Platz mit Bungalows und Badelandschaft.

Hotels
***Best Western Hotel Gl. Skivehus**, Sdr. Boulevard 1, Skive, Tel. 97 52 11 44, www.skivehus.dk. Traditionshotel mit modernem Anbau und Gartengrundstück am Flüsschen Karup Å.

*****Danhostel Nykøbing Mors**, Øroddevej 15, Nykøbing, Tel. 97 72 06 17, www.danhostelmors.dk. Herberge direkt am Limfjordstrand der Insel Mors.

Restaurant
Sallingsund Færgekro, Sallingsundvej 104, Nykøbing, Tel. 97 72 00 88, www.sfkro.dk. Gepflegte dänische Küche direkt am Sund auf der Insel Mors, dazu Gasthof mit 40 Zimmern.

41 Lemvig

Sanftes Paradies im Südwesten des Limfjords.

Bei ihrer Nordseemündung verbreitern sich die ruhigen Wasser des Limfjords zu einem ausgedehnten **Binnensee**. Neben Baden, Segeln und Windsurfen gehört in dieser Gegend das Angeln im Fjord, in der Nordsee oder in einem der zahlreichen

Flüsse zu den beliebtesten **Urlaubsaktivitäten**. Angelscheine erhält man in örtlichen Touristenbüros oder Postämtern.

Das Zentrum der Region ist Lemvig, ein beschaulicher **Marktflecken** an einer geschützten Bucht im Süden des Fjords. Es bietet lediglich durch den 1936 errichteten, kupfergedeckten *Zwiebelturm* der bedeutend älteren *Marktkirche* (um 1200) im Ortszentrum einen ungewöhnlichen Anblick. Eine Besonderheit ist allerdings der sehr schön angelegte Wander- und Fahrradweg **Planetsti** (Planetenweg), der sich vom bescheidenen Stadtmuseum an der Vestergade 12 km lang am Limfjord entlangzieht. Begleitet wird er von Bronzefiguren unseres Sonnensystems im Maßstab 1:1 Mrd.; Merkur oder Erde sind dabei nur wenige Meter vom Ausgangspunkt entfernt, wohingegen der Planet Pluto erst am Ende der Strecke in Sicht kommt.

Struer

Die östlich von Lemvig gelegene Kleinstadt lohnt vor allem wegen des kulturhistorischen **Struer Museum** (Søndergade 23, Tel. 97 85 13 11, www.struermuseum.dk, Di–Fr 12–16, Sa/So 12–17 Uhr) einen Abstecher. Im modernen Anbau ist die Firmenhistorie der ortsansässigen, weltberühmten Hifi-Schmiede *Bang & Olufsen* attraktiv präsentiert.

Holstebro

Von der mittelalterlichen Vergangenheit Holstebros ist nicht mehr viel zu erkennen, dafür sieht man in der lebendigen Stadt umso mehr moderne Kunst. Beim Bummel durch die Fußgängerzone entdeckt man mehrere ungewöhnliche Skulpturen, darunter auch einen Giacometti. Astrid Noack, Adam Fischer und viele weitere Künstler sind ebenfalls vertreten. Auch das **Holstebro Kunstmuseum** (Museumsvej 2, Tel. 97 42 45 18, www.holstebrokunstmuseum.dk, Okt.–März Di, Do, Fr 12–16, Mi 12–16, 19–21.30, April–Juni, Sept. Di–Fr 12–16, Sa, So 11–17, Juli–Aug. tgl. 11–17 Uhr) wartet mit skandinavischer Kunst ab den 1930er-Jahren auf – zu sehen sind Werke von Jens Nielsen bis Frithioff Johansen. Angegliedert sind eine Gemäldegalerie moderner Bilder sowie ein ethno-grafisches Kunstmuseum mit Objekten aus allen Erdteilen.

Thyborøn

Thyborøn am westlichen Ausgang des Limfjord ist einer der wichtigsten Fischereihäfen Dänemarks. Der Ort ist bekannt für sein Sneglehuset (Sneglevej, Tel. 97 83 11 67, www.sneglehuset.dk, April–26. Juni und 5. Sept.–27. Okt. tgl. 11–15 Uhr, 27. Juni–4. Sept. tgl. 10–16 Uhr, 28. Okt.–15. Nov. und 2. Febr.–31. März So, Di, Mi 11–14.15 Uhr, 16. Nov.–1. Febr. Di 11–14.15 Uhr). Schneckenhaus heißt das Wohnhaus des Fischers Alfred Pedersen, weil er dessen Fassade und Innenräume 25 Jahre lang unverdrossen mit Muscheln und Schneckengehäusen dekoriert hat, fantasievoll zu Blumenmustern, Arabesken und einer Meerjungfrau arrangiert.

Fantasie, Gestaltungsfreude und jede Menge Fleiß verrät die Fassade des Sneglehuset

41 Lemvig

ℹ Praktische Hinweise

Information
Lemvig Turistbureau, Toldbodgade 4, Lemvig, Tel. 97 82 00 77, www.visitlemvig.dk

Fähre
Thyborøn-Agger Færgefart, Tel. 96 63 10 33, Mobil-Tel. 40 29 76 22, www.thyboronagger.dk. Die Autofähre setzt in 10 Min. über die Mündung des Limfjord.

Camping
Lemvig Strand Camping, Vinkelhagevej 6, Lemvig, Tel. 97 82 00 42, www.lemvigcamping.dk. Wiesengelände westlich des Ortes, am einladenden Limfjordstrand.

Restaurant
Fiskehallen, Havnegade 5 A, Thyborøn, Tel. 97 83 28 82, www.fiskehallen-thyboron.dk. Frisch zubereiteter Fisch im rustikalen Edelimbiss am Hafen.

42 Thy

Ländliche Ferienregion mit Nordseestränden und weitem Hinterland.

Die Region Thy umfasst eine bis zu 20 km breite Landzunge zwischen dem Limfjord und den Sandstränden der Nordsee. Ihr Kennzeichen sidn sanfte Hügel und brettflache Ebenen, Heideflächen, Wälder und *Vogelschutzgebiete*. Hier wurde 2008 mit dem **Nationalpark Thy** (www.danmarksnationalparker.dk/Thy) der erste Nationalpark des Landes ausgewiesen.

Dünen und unzählige bunte **Ferienhäuschen** charakterisieren den rund 100 km langen Küstenabschnitt zwischen Agger im Südwesten und Fjerritslev im Norden. Es gibt aber auch noch ruhige **Küstendörfer** wie *Nørre Vorupør*, *Slettestrand*, *Thorup Strand* oder *Lild Strand*, in denen die Fischer abends ihre Schiffe mit einer Winde, dem *Gangspill*, einfach an den Strand ziehen.

Ganz im Süden, beim Dörfchen **Vestervig**, ragt der Turm einer weiß getünchten Granitkirche über dem flachen Land auf. Diese 60 m lange Dorfkirche, die auch **Thylands Dom** genannt wird, war im 12. Jh. Teil eines Augustinerchorherrenkonvents und zeitweise sogar Bischofssitz. Einige Grabsteine im Innern des Gotteshauses und auf dem angrenzenden Friedhof stammen noch aus dem 13. Jh.

Der Hafen von **Hanstholm**, von dem auch Fähren zu den nordatlantischen Inseln ablegen, wurde erst nach dem Zweiten Weltkrieg ausgebaut. In dem Ort ist ein Teil einer gewaltigen, mehr als 9 km² umfassenden **Festungsanlage** erhalten, die die Deutsche Wehrmacht im Zweiten Weltkrieg mit Bunkern und Geschützen

Nach getaner Arbeit liegen die Fischerboote friedlich im Hafen von Hanstholm

als Teil des Atlantikwalls anlegte. In ihren Mauern beleuchtet das **Museumscenter Hanstholm** (Molevej 29, Tel. 97961736, www.museumscenterhanstholm.dk, Febr. bis Mai und Sept., Okt. tgl. 10–16, Juni–Aug. tgl. 10–17 Uhr) dieses dunkle Kapitel der deutsch-dänischen Geschichte.

Praktische Hinweise

Information
Thy Turistbureau, Store Torv 6, Thisted, Tel. 97921900, www.visitthy.dk

Camping
Strandgaardens Camping, Vesterhavsgade 85, Nørre Vorupør, Tel. 97938022, www.strandgaardenscamping.dk. Stellplätze in buckligem Dünengelände bei der Nordsee, die hier bei Windsurfern als günstiges Surfrevier besonders beliebt ist.

Hotel
***Svinkløv Badehotel**, Svinkløvvej 593, Fjerritslev, Tel. 98217002, www.svinkloevbadehotel.dk. Traditionelles dänisches Badehotel, noch aus Holz erbaut, hervorragendes Restaurant, direkt auf dem Dünenkamm.

Restaurant
Det Gamle Røgeri, Kuttergade 7, Hanstholm, Tel. 23461353, www.detgamleroegeri-hanstholm.dk. Frische und geräucherte Fischspezialitäten, mit Terrasse.

Jammerbugten

> **TOP TIPP** *Badefreuden an der Jammerbucht.*

Über 80 km lange, breite **Sandstrände**, dahinter ein ausgedehnter Dünengürtel, Urlaubshotels entlang der Küste, mehr als ein Dutzend Campingplätze sowie Ferienhäuser in großer Zahl, Restaurants, Bars und Diskotheken – keine Frage, die lang gezogene Jammerbugten zwischen Slettestrand und Hirtshals gehört zu den beliebtesten **Badeplätzen** an der Nordsee. Ihren Namen verdankt die Jammerbucht den zahlreichen Schiffskatastrophen, die sich vor ihrer Küste im Laufe der Jahrhunderte im stürmischen Skagerrak zutrugen.

Hjørring, alte Hafen- und Hauptstadt der sich südwärts erstreckenden Region *Vendsyssel*, erhielt schon 1243 Stadtrechte.

Gold des Nordens

Eigentlich ist **Bernstein** erstarrtes und in Jahrmillionen unter Druck geformtes Harz prähistorischer Nadelbäume. Das meist goldgelbe bis braune Material – es kommt auch in den Farben gelbweiß und nahezu schwarz vor – wird weder geschürft oder gefördert. Das Meer übernimmt diese Arbeit und schwemmt, vor allem nach starken **Herbststürmen**, aus dem Boden gelöste Bernsteinklumpen an die Strände. Die Westküste Jütlands ist einer der ergiebigsten Fundorte der Welt, und so laufen Sammler nach Stürmen die Strände ab und stochern dort, wo die Flut am höchsten gestiegen ist, in Tang und Treibholz. Eine Bernsteinschleiferei, **Ravsliberi**, poliert die Fundstücke zu Schmuckstücken oder fasst sie ein.

Laien, die nach Bernstein suchen möchten, sollten vorsichtig sein: Es kann passieren, dass Phosphorklumpen, die Bernstein ähnlich sehen, an Land gespült werden. Sie können sich von selbst entzünden und Verbrennungen verursachen.

Bereits in der Steinzeit war Bernstein als **Handelsware** begehrt, die im Austausch gegen Werkzeuge und Waffen bis in den Mittelmeerraum gelangte. Am wertvollsten sind die Stücke, in denen vor rund 30 Mio. Jahren **Insekten** eingeschlossen wurden, die noch immer so aussehen, als seien sie soeben im Flug erstarrt.

Auf dem Hügel inmitten der heute 24 000 Einwohner zählenden Kleinstadt fanden bis zum Mittelalter Thingversammlungen statt. In der Nähe des zentralen Sct. Olai Plads stehen drei romanische Kirchen aus dem 11.–13. Jh. nicht weit voneinander. Das Äußere der *Sct. Catharinæ Kirke* (Mo–Fr 9–12 Uhr) zieren inzwischen geschwungene Barockhauben, während die *Sct. Olai Kirke* noch eine ro-

Jammerbugten

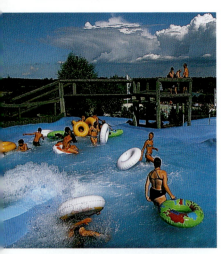

Unbeschwerter Badespaß für die ganze Familie im Farup Sommerland bei Saltum

manische Kanzel besitzt und die *Sct. Hans Kirke* mit Fresken aus dem 14. Jh. ausgemalt ist.

Auf halbem Weg zwischen den früheren Fischerdörfern *Løkken* und *Blokhus* liegt bei **Saltum** der Freizeitpark **Fårup Sommerland** (Pirupvejen 147, Blokhus, Tel. 98 88 16 00, www.faarupsommerland.dk, s. Webseite, Mitte Mai–Okt ab 10 bis 17 o. 20.30 Uhr). Mit seinen abenteuerlichen Wasserrutschen, mit Badelandschaft, Go-Cart, Reitmöglichkeiten, Imbiss- und Picknickplätzen wirkt es vor allem für Familien mit Kindern bei jedem Wetter wie ein Magnet. In der Nähe lässt sich übrigens ein flacher Strandabschnitt mit dem Auto befahren.

Die 90 m hohe Wanderdüne **Rubjerg Knude** hat inzwischen den stillgelegten Leuchtturm *Rubjerg Knude Fyr* fast vollständig verschlungen. Früher informierte hier noch ein Sandflugmuseum über das Vorrücken der Düne. Diese Aufgabe übernimmt nun eine Dauerausstellung des *Vendsyssel Historiske Museum* (www.vhm.dk) im **Strandfogegården** (Strandaufseherhof, Langelinie 2, Rubjerg, www.rubjergknude.dk, 1.–31.Juli tgl. 11–17 Uhr), 2 km südlich des Leuchtturms.

Praktische Hinweise

Information

Hjørring Turistservice, Metropol, Østergade 30, Hjørring, Tel. 72 33 48 78, www.visithjoerring.dk, www.visitjammerbugten.dk

Sport

Løkken Golfklub, Vrenstedvej 226, Løkken, Tel. 98 99 26 57, www.loekken-golfklub.dk. Zwei Bahnen, eine mit 18, die andere mit 9 Löchern.

Nachtleben

ActionHouse Disco New York, Industrievej 1, Løkken, Tel. 99 67 67 10, www.actionhouse.dk. Disco des Vergnügungscenter ActionHouse (Gokart, Bowling, Spielhallen).

Die Wanderdüne Rubjerg Knude begräbt alles unter beständig nachwehendem Sand

Camping

Klim Strand Camping, Havvejen 167, Fjerritslev, Tel. 98 22 53 40, www.klimstrand.dk. Anlage am Strand mit Tennisplätzen, Wellnessbereich, Pool, Skateboardbahn.

Løkken Strand Camping, Furreby Kirkevej 97, Løkken, Tel. 98 99 18 04, www.loekkencamping.dk. Kleiner Platz in den Dünen. Windsurfer und Paraglider finden hier ihr Paradies.

Hotel

*****Løkken Badehotel**, Torvet 8, Løkken, Tel. 98 99 14 11, www.loekken-badehotel.dk. 29 gepflegte Apartments nicht weit vom Meer, mit Wellnessbereich und gutem Restaurant.

Restaurant

Strandingskroen, Høkervej 2, Blokhus, Tel. 98 24 90 07, www.strandingskroen-blokhus.dk. Vorzügliche Fischgerichte (Mo/Di geschl.).

44 Hirtshals

Fährhafen mit spannendem Museum zum Leben in und mit der Nordsee.

Die nüchterne, überschaubare **Hafenstadt** mit einer der größten Fischereiflotten des Landes sowie regem Fährverkehr nach Norwegen liegt auf einem Landvorsprung, der die *Jammerbugten* von **Tannis Bugt** trennt, die sich von Hirtshals 50 km nach Nordwesten bis an die Spitze Jütlands bei Grenen zieht. Hier bieten sich bei *Kjul Strand* und bei *Skiveren Strand* ruhige Küstenabschnitte, die von Dünenwäldern, Sandriffen sowie Feuchtgebieten gesäumt werden.

Die Attraktion von Hirtshals sind die feinen Sandstrände. Unbedingt einplanen sollte man auch einen Ausflug ins **Nordsøen Oceanarium** (Willemoesvej 2, Tel. 98 94 41 88, www.nordsoenoceanarium.dk, 12. Jan.–10. Febr., 23. Febr.–24. März und 4. Nov.–15. Dez. Mo–Fr 10–16, Sa, So 10–17 Uhr, 11. Febr.–22. Febr., 25. März–21. Juni und 19. Aug.–3. Nov. tgl. 10–17 Uhr, 22. Juni–18. Aug. tgl. 9–18 Uhr). Das größte Ozeanarium Nordeuropas fasst genug Wasser, um ganze Fischschwärme zu beherbergen. U.a. bietet das Meereszentrum ein riesiges Unterwasserbecken mit Panoramafenstern, eine Seehundkolonie sowie interaktive Einheiten für die Besucher. Es werden Flora und Fauna bis hin zu Mikroorganismen der Nordsee vorgestellt.

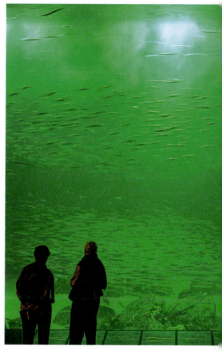

Einblicke in die Unterwasserwelt bietet das Nordsøen Oceanarium in Hirtshals

Praktische Hinweise

Information

Hirtshals Turistbureau, Dalsagervej 1, Hirtshals, Tel. 98 94 22 20, www.visithirtshals.dk

Fähre

Color Line, Hirtshals, Tel. 99 56 20 00, Tel. (D) 04 31/730 03 00, www.colorline.de. Von Hirtshals nach Larvik und Kristiansand (Norwegen).

Camping

Skiveren Camping, Niels Skiverens Vej 5–7, Skiveren, Tel. 98 93 22 00, www.skiveren.dk. Wunderbarer Platz mit Badecenter, direkt an der Tannisbucht.

Hotel

**Fyrklit, Kystvejen 10, Hirtshals, Tel. 98 94 20 00, www.danland.dk. Apartmentanlage am Strand mit Erlebnisbad.

Restaurant

Lilleheden, Hjørringgade 2, Hirtshals, Tel. 98 94 45 38, www.restaurantlilleheden.dk. Nettes Fischrestaurant mit Blick auf den Hafen, im Sommer mit Terrassenplätzen.

Propere Fachwerkhäuser umgeben die strahlend weiße Vor Frue Kirke in Sæby

45 Frederikshavn

Fährmetropole und Einkaufszentrum skandinavischer Nachbarn.

Für Verleihung der Stadtrechte im Jahr 1818 war der Fischerort *Fladstrand* König Frederik VI. so dankbar, dass er sich in Frederikshavn umbenannte. Heute prägen vor allem **Fischerei** und **Werften** die mit 24 000 Ew. größte Stadt Jütlands nördlich des Limfjord. Zum betriebsamen Erscheinungsbild trägt der **Fährhafen** erheblich bei, der den von hohen Steuern gebeutelten Schweden und Norwegern wie ein Tor zum Einkaufsparadies scheint.

Einziger Überrest einer kleinen, 1690 zum Schutz der Küste errichteten Zitadelle ist der Pulverturm **Krudttårnet** (Mo–Fr 10–16, Juni–Aug. auch Sa/So 11–16 Uhr) am nördlichen Hafenrand, der ein Museum für Militärgeschichte seit dem 17. Jh. birgt.

Einblicke in die Geschichte der Region verschafft das **Bangsbo Museum** (Dronning Margrethes Vej 6, Tel. 98 42 31 11, www.bangsbo.com, Öffnungszeiten wie Krudttårnet) südwestlich von Frederikshavn. In dem Landsitz (16. Jh.) ist das *Ellingåskip* ausgestellt, die Überreste eines 14 m langen Handelsschiffes der Wikinger aus dem 12. Jh., das 1968 5 km nördlich von Frederikshavn ausgegraben wurde, dazu Wohneinrichtungen aus den letzten zwei Jahrhunderten. Zudem kann man sich über die deutsche Besatzungszeit im Zweiten Weltkrieg und den dänischen Widerstand in dieser Zeit informieren.

Ausflüge

Es lohnt sich, von Frederikshavn einige Kilometer nach Süden zu fahren. Dort sind die Innenstadt von **Sæby** mit Fischerhäusern im Fachwerkstil und der Vor Frue Kirke mit sehenswerten Fresken des 15. Jh. aus dem Leben Mariens zu bewundern. Unter den Herrensitzen und Schlössern der Umgebung ragt bei Flauenskjold der schmucke Renaissancebau von **Voergaard Slot** (Voergaard 6, Dronninglund, Tel. 98 86 71 08, www.voergaardslot.dk, Juni/Sept.–Mitte Okt. Sa/So 11–16, Sommer tgl. 11–16 Uhr) heraus, durch dessen Schlosspark Pfaue stolzieren. Die Innenräume sind mit Bildern von Raffael, El Greco und Rubens sowie mit einer Sammlung von französischem Porzellan prachtvoll ausgestattet.

Erlebnisse anderer Art verspricht eine Überfahrt nach **Læsø**, der mit 116 km^2 größten Insel im Kattegat. Bei einer Fahrradtour erreicht man ihre Schönheiten am einfachsten. Bemerkenswert sind die mit dicken Tanghauben gedeckten Häuser, einsame Strände im Westen und Norden, die *Vesterø Sønderkirke* mit gotischen Wandbildern, die rekonstruierte Salzsiedehütte *Salt Syderi* (Hornfiskrøn-vej 3, Tel. 98 49 13 55, www.saltsyderiet.dk, Winter Mo–Sa 10–14, April/Juni/Sept.–Okt. tgl. 10–16, Juli/Aug. bis 17 Uhr) in Byrum oder das bewaldete Naturschutzgebiet *Nordmarken* westlich von Østerby Havn.

ℹ Praktische Hinweise

Information

Frederikshavn Turistbureau, Skandiatorv 1, Frederikshavn, Tel. 98 42 32 66, www.visitfrederikshavn.dk

Læsø Turistbureau, Vesterø Havnegade 17, Læsø, Tel. 98 49 92 42, www.laesoe-turist.dk

Fähren

Læsø Line, Frederikshavn, Tel. 98 49 90 22, www.laesoe-line.dk. Mehrmals tgl. in 90 Min. auf die Insel Læsø.

Stena Line, Frederikshavn, Tel. 96 20 02 00, Tel. (D) 018 05/91 66 66, www.stenaline.de. Von Frederikshavn nach Göteborg (Schweden) und Oslo (Norwegen).

Hotel

******Sømandshjem & Hotel**, Tordenskjoldsgade 15 B, Frederikshavn, Tel. 98 42 09 77, www.fshotel.dk. Zentral gelegenes Haus, mit Familienzimmern.

Restaurant

Hyttefadet 1, Trindelen 2 (im Fischereihafen), Frederikshavn, Tel. 98 42 52 22, www.hyttefadet1.dk. Als ›Hüttenessen‹ gibt es u.a. gebratene Scholle und eingelegte oder gebratene Heringe (Mo–Fr 12–15 Uhr, abends nach Vorbestellung).

46 Skagen

Künstlerkolonie und Ferienidyll, wo sich Nord- und Ostsee küssen.

Skagen (10000 Einw.), die nördlichste Stadt Dänemarks, präsentiert sich mit einer interessanten Mischung aus Beschaulichkeit und Betriebsamkeit. Es lebt gewissermaßen vom Ruhm der **Skagenmaler** [s. S. 122], die vor mehr als 100 Jahren Menschen, Landschaft und Licht an der Spitze Dänemarks für sich entdeckten. Gleichzeitig ist die moderne Zeit unübersehbar, wenn in den Hallen des **Fischereihafens** in aller Frühe die angelandeten Fänge versteigert und flugs mit bereits wartenden Kühllastern zur Verarbeitung bis nach Mitteleuropa transportiert werden. In Skagen finden aber auch die vielen **Freizeitboote** einen Liegeplatz, deren Skipper die Kulisse des von roten Giebelpackhäusern gerahmten Hafenbeckens schätzen.

In dem alten Wohnviertel, das sich nordwestlich an den Hafen anschließt, ducken sich gelb gestrichene Häuser hinter Hecken und Fliederbüschen. Hier präsentiert das stattliche, 1928 von Architekt Ulrik Plesner aus Backstein errichtete **Skagens Museum** (Brøndumsvej 4, Tel. 98 44 64 44, www.skagensmuseum.dk, Febr.–April und Sept.–Dez. Di–So 10–17, Mai tgl. 10–17, Juni–Aug. Do–Di 10–17, Mi 10–21 Uhr) die besten Bilder der Skagenmaler, von Peder Severin Krøyer (1851–1909), Anna (1859–1935) und Michael Ancher (1849–1927) oder anderen. Auch das in ein Museum umgewandelte **Michael & Anna Ancher Hus** (Markvej 2–4, www.anchershus.dk, Nov. und Febr./März Sa 11–15, April Sa–Do 11–15, Mai–Sept. tgl. 10–17, Okt. Do–Sa 11–15 Uhr), das noch original ausgestattete ehem. Wohnhaus des Künstlerpaares, liegt ganz in der Nähe.

Das dritte Museum der Künstlerkolonie, das mit persönlichen Erinnerungsstücken des Dichters und Zeichners Holger Drachmann (1846–1908) eingerichtete **Drachmanns Hus** (Hans Baghsvej 21, www.drachmannshus.dk, Mai Sa/So 11–15, Juni–Sept. tgl. 11–15 Uhr), liegt bereits südlich des Ortszentrums, in dem sich trefflich bummeln und in geschmackvollen Galerien und Boutiquen wunderbar einkaufen lässt. Nicht weit von Drachmanns Hus entfernt, stellt das **Skagen By- & Egnsmuseum** (P. K. Nielsensvej 8–10, Tel. 98 44 47 60, www.kystmuseet.dk, Nov. bis Jan. Mo–Fr 11–15, Febr.–Mai und Okt. Mo–Fr 10–16, Juni–Aug. Mo–Fr 10–16, Sa/So 11–16 Uhr) in den beiden Häusern eines armen und eines reichen Fischers des 19. Jh. aus. Die Exponate erzählen von der Schifffahrt, dem Fischfang, der Seenotrettung und von den früher harten Lebensumständen an der Küste.

Das **Skagen Bunkermuseum** in den Dünen von Grenen zeigt eine Bunkeranlage des deutschen Atlantikwalls aus dem Zweiten Weltkrieg (Fyrweg 39, Tel. 98 44 40 40, www.skagen-nunkermuseum.dk, tgl. Mitte-Ende Feb/Sep–Mitte Okt/Ende Okt 11–15, April–Mai 11–16, Juni bis Aug/Mitte–Ende Okt 10–17 Uhr).

Ende Juni/Anfang Juli treffen sich in Skagen jedes Jahr vier Tage lang die Folk- und Rockeliten Skandinaviens mit internationalen Gästen zum **Skagen-Festival** (Tel. 98 44 40 94, www.skagenfestival.dk). Auf vier über die Stadt

Mit Sack und Pack reisen Folk- und Rockfans jeden Sommer zum Skagen-Festival an

Vertrauliche Gespräche beim Strandspaziergang – Peter Krøyer hielt sie im Bild fest

Künstlerkolonie in nördlichem Licht

Der landesweit bekannte Poet und Zeichner **Holger Drachmann** (1846 bis 1908) brachte den Stein ins Rollen, als er 1870 das Fischerdorf Skagen an der kargen Nordspitze von Jütland zu seinem Sommerwohnsitz erkor. Ihm folgten andere, 1874 der Bornholmer Künstler **Michael Ancher** (1849–1927), der hier seine spätere Frau **Anna Brøndum** (1859–1935) kennenlernte, Tochter des lokalen Gastwirts und heute als eine der besten Malerinnen Dänemarks geschätzt, dann die arrivierten Maler **Peder Severin Krøyer** (1851–1909), der eigentlich aus Norwegen stammte, und **Viggo Johannsen**, der Kunsthistoriker und Künstler **Karl Madsen**, der Norweger **Christian Krogh** und der Schwede **Oscar Björk** – später zusammengefasst unter dem Begriff **Skagenmaler**. Sie alle waren begeistert von der urtümlichen Natur, den herben Landschaften. Beeinflusst durch französische Impressionisten, ließen sie sich vom Meer und dem Himmel mit seinem nördlichen Licht inspirieren und malten die Menschen aus Skagen, Fischer, deren Familien und sich selbst. Eines der bekanntesten **Skagenbilder**, Krøyers ›Sommerabend am Strand von Skagen‹, zeigt seine Frau Maria mit Anna Ancher, beide in langen, weißen Kleidern am Strand, wobei der Künstler die ›blaue Stunde‹ einfing, in der das Wasser mit dem Horizont zu verschmelzen scheint.

1908 richteten Peter Severin Kroyer und andere Skagenmaler noch selbst das **Skagens Museum** [s. S. 121] mit ihren besten Bildern ein. Die Arbeiten sind seit 1928 in einem mehrfach erweiterten Neubau neben Brøndums Hotel zu sehen. Auch das Wohnhaus von Anna und Michael Ancher [s. S. 121] sowie die sog. Villa Pax Holger Drachmanns [s. S. 121] geben als Museen Zeugnis vom Lebensstil und der kreativen Energie der Skagenmaler um die Wende vom 19. zum 20. Jh.

verteilten Bühnen spielen sie vor insgesamt bis zu 20 000 Zuhörern in entspannter Sommeratmosphäre, was Instrumente und Stimmbänder hergeben. Jährlich wird die Auszeichnung *Folkemusikprisen* vergeben, die sich bekannte skandinavische Folkmusiker wie Allan Olsen oder Michael Wiehe ersungen und erspielt haben.

Ein Standortvorteil von Skagen besteht darin, dass Sommerurlauber nach Wind und Wolken entscheiden können, ob sie in der Nordsee, vielleicht bei *Gammel Skagen/Højen*, oder in der Ostsee, etwa bei *Damstedt Klit* südlich von Skagen, baden wollen. Beide **Sandstrände** liegen nur wenige Minuten voneinander entfernt.

Südlich von Skagen erstreckt sich eine harmonische Landschaft mit Wäldern, Heideflächen, Feuchtwiesen und Wanderdünen. Die riesige **Råbjerg Mile** bei Kandestederne nahe Ålbæk etwa bewegt sich noch immer etwa 15 m pro Jahr nach Osten. Östlich der Landstraße nach Skagen demonstriert die ›tilsandede kirke‹ den Rest einer Kirche, von der nach Sandverwehungen seit 1795 nur noch die Spitze des Turms aus der Bünenlandschaft ragt (Gammel Landevej 63).

Auf halbem Weg zwischen Skagen und der Nordspitze Jütlands befindet sich das **Skagen Odde Naturcenter** (Batterivej 51, Tel. 96 79 06 06, www.skagen-natur.dk, Mai–Mitte Okt Mo–Fr 10–16, Sa/So bis 16, Jul Mo–Fr 10–17, Sa/So ab 11 Uhr). Wasser, Wind, Licht und Sand spielen in den vier Themenräumen des eigenwilligen Baus von Jørn Utzon die Hauptrolle.

Nördlich davon liegt in der Heidelandschaft ein Vogelbrutgebiet sowie das **Grenen Kunstmuseum** (Fyrvej 40, Tel. 98 44 22 88, www.grenenkunstmuseum.dk, Mai–Aug. Do–Di 11–17, Mi 11–21, Sept.–Mitte Okt. Di, Sa, So 11–15 Uhr), das maritime Bilder von Axel Lind und zeitgenössische Kunst zeigt. Von dort aus geht es zu Fuß oder mit einem Traktorbus *Sandormen* weiter durch die windzerzausten Dünen bis zur sandigen Spitze von **Grenen**, an der die Wellen der Ostsee von rechts und die der Nordsee von links zusammentreffen. Wegen der tückischen Strömungen ist hier das Baden strengstens verboten.

ⓘ Praktische Hinweise

Information
Skagen Turistbureau, Vestre Strandvej 10, Skagen, Tel. 98 44 13 77, www.skagen-tourist.dk

Sport
Golfklubben Hvide Klit, Hvideklitvej 28, Bunken (bei Ålbæk), Tel. 98 48 90 21, www.hvideklit.dk. Wunderbar in die nördliche Dünen- und Waldlandschaft eingefügter 18-Loch-Kurs.

Einkaufen
Galleri Hesselholt, Hulsigvej 19, Hulsig (ca. 12 km südl. von Skagen), Tel. 98 44 64 42, www.galleri-hesselholt.dk. Gemälde und Skulpturen dänischer Künstler, Design und Kunsthandwerk.

Camping
Bunken Camping, Ålbækvej 288 (zwischen Hulsig und Ålbæk), Tel. 98 48 71 80, www.bunkenstrandcamping.dk. Gut ausgestatteter, durch Büsche und Hecken unterteilter Platz direkt am Ostseestrand.

Grenen Camping, Fyrvej 16, Skagen, Tel. 98 44 25 46, www.grenencamping.dk. Schöne Anlage zwischen Straße und Dünen, gleich nördlich von Skagen.

Hotel
*****Skagen Strand**, Tranevej 108, Hulsig, Tel. 98 48 72 22, www.skagenstrand.dk. Geschmackvolle Ferien-Reihenhäuser nicht weit vom Strand.

Restaurants
Bodilles Kro, Østre Strandvej 11, Skagen, Tel. 98 44 33 00, www.bodilleskro.dk. Gemütlicher Gasthof beim Hafen, der große Fischportionen serviert.

Hjorts Hotel, Kandebakkevej 17, Skagen, OT Kandestederne, Tel. 98 48 79 00, www.hjorthshotel.dk. Das Restaurant am Dünenrand serviert köstliche Fischgerichte. Unterm Dach befinden sich lichte, hübsche Gästezimmer.

Pakhuset, Rødspættevej 6, Skagen, Tel. 98 44 20 00, www.pakhuset-skagen.dk. In dem umgebauten traditionellen Lagerhaus am Sporthafen wird raffinierte Fischküche zubereitet. Das Parterre nimmt eine Gaststube ein, im Obergeschoss befindet sich das Restaurant.

Einsamkeit umgibt Skagens Leuchtturm, der das Nordende von Dänemark markiert

Dänemark aktuell A bis Z

Vor Reiseantritt

ADAC Info-Service:
Tel. 0 800/510 11 12 (gebührenfrei)
Unter dieser Telefonnummer und bei den ADAC Geschäftsstellen können Mitglieder des ADAC kostenlos umfangreiches Informations- und Kartenmaterial anfordern.

ADAC im Internet:
www.adac.de
www.adac.de/reisefuehrer

Dänemark im Internet:
www.visitdenmark.com
www.denmark.dk
www.visitcopenhagen.de

Informationen und Prospektmaterial (z.T. als Download) zum Urlaubsland Dänemark sind erhältlich bei:

VisitDenmark – Dänemarks offizielle Tourismuszentrale, Glockengießerwall 2, D-20095 Hamburg, Tel. 018 05/32 64 63 (0,14 €/Min.), www.visitdenmark.com

Detaillierte Auskünfte bieten auch folgende **Regionalverbände:**

Bornholm: Bornholms Velkomstcenter, Nordre Kystvej 3, DK-3700 Rønne, Tel. 56 95 95 00, www.bornholm.info

Fünen: Visit Fyn, Forskerparken 10C, DK-5230 Odense M, www.visitfyn.de

Nordjütland: VisitNordjylland, Skeelslundvej 99, DK-9440 Aabybro, Tel. 96 96 12 00, www.visitnordjylland.dk

Ostjütland: Pakhus 13, Nordhavnsgade 4, DK-8000 Aarhus C, Tel. 87 31 50 10, www.visitdenmark.de/de/denmark/natur/ostjutland

Seeland, Lolland, Falster und Møn: Østdansk Turisme, Banegårdspladsen 2, DK-4700 Næstved, Tel. 54 86 13 48, www.visiteastdenmark.de

Südjütland: Sydvestjylland, Otto Frellos Plads 1, DK-6800 Varde, Ribe, Tel. 75 22 32 22, http://visitsüdwestjütland.de

Allgemeine Informationen

Reisedokumente

Personalausweis oder Reisepass (noch min. 3 Monate gültig). Für Kinder bis zum vollendeten 12. Lebensjahr genügt ein Kinderreisepass. Kinder ab 13 müssen einen Personalausweis oder einen Reisepass mit sich führen.

Kfz-Papiere

Autofahrer benötigen einen nationalen Führerschein, den Kfz-Schein sowie ein Nationalitätskennzeichen, sofern das Auto kein Euro-Nummernschild hat. Die Mitnahme der Internationalen Grünen Versicherungskarte wird empfohlen, da sie als Versicherungsnachweis dient und z.B. bei einem Unfall die Abwicklung erleichtert.

Krankenversicherung und Impfungen

Bei plötzlicher Erkrankung oder Unfall haben auch Urlauber Anspruch auf kostenlose Behandlung in dänischen Krankenhäusern. Die Europäische Krankenversicherungskarte wird in ganz EU-Europa anerkannt und garantiert die medizinische Versorgung. Zusätzlich empfiehlt sich jedoch der Abschluss einer Reisekranken- und Rückholversicherung.

Hund und Katze

Erforderlich ist der EU-Heimtierausweis, in dem die Kennzeichnung des Tieres durch Mikrochip oder Tätowierung sowie eine gültige Tollwutimpfung (Erstimpfung mindestens 21 Tage vor Grenzübertritt) eingetragen sein müssen. Für Tiere, die ab dem 3.7.2011 erstmals gekennzeichnet wurden, ist der Mikrochip Pflicht.

Zollbestimmungen

Reisebedarf für den persönlichen Gebrauch obliegt innerhalb der EU keinen Beschränkungen und darf abgabenfrei eingeführt werden. Folgende Richtmengen gelten für Privatreisende: 800 Zigaretten, 400 Zigarillos, 1 kg Tabak, 10 l Spirituosen, 90 l Wein (davon max. 60 l Schaumwein), 110 l Bier.

Allgemeine Informationen

Bei direkter Einreise aus einem Land, das nicht zur EU gehört, gelten folgende Höchstgrenzen: 1 l Spirituosen oder 2 l Dessertwein, dazu 2 l Wein, 200 g Zigaretten oder 250 g Tabak.

Geld

Die *Dänische Krone* (DKK) teilt sich in 100 *Øre*. Folgende Münzen sind im Umlauf: 50 Øre, 1 Krone, 2 Kronen, 5, 10 und 20 Kronen, die Banknoten lauten auf DKK 50, 100, 200, 500, 1000. Viele Geschäfte zeichnen ihre Waren in DKK und in Euro aus.

Dänische Banken akzeptieren **Reisechecks**, an Bankautomaten lässt sich mit der **EC-Karte** sowie **Kreditkarten** Bargeld abheben. Viele Geschäfte, Hotels und Restaurants akzeptieren ebenfalls Kreditkarten und die EC-Karte, in Grenznähe auch den Euro.

Tourismusämter im Land

Die örtlichen Touristenbüros sind unter den Praktischen Hinweisen bei den jeweiligen Orten im Haupttext aufgeführt [s. auch S. 125].

Service und Notruf

Notruf
Tel./Mobil: 112 (EU-weit: Polizei, Unfallrettung, Feuerwehr)

ADAC Info Service
Tel. 0800 5 10 11 12
(Mo–Sa 8–20 Uhr)

ADAC Pannenhilfe Deutschland
Tel. 0 1802 22 22 22
(dt. Festnetz 6 ct/Anruf;
dt. Mobilfunk max. 42 ct/Min.),
Mobil-Kurzwahl: 22 22 22
(Verbindungskosten je nach Netzbetreiber/Provider)

Hilfe an Notrufsäulen
Unbedingt den ADAC verlangen

ADAC Notruf aus dem Ausland
Festnetz: +49 89 22 22 22

ADAC Notrufstation Dänemark
Tel. 27 07 07, ADAC-Partnerclub: Forenede Danske Motorejere (FDM)

ADAC Ambulanzdienst München
Festnetz: +49 89 76 76 76 (24 Std.)

ÖAMTC Schutzbrief Nothilfe
Tel. +43 1 25 120 00, www.oeamtc.at

TCS Zentrale Hilfsstelle
Tel. +41 22 4 17 22 20, www.tcs.ch

Diplomatische Vertretungen

Deutschland

Deutsche Botschaft,
Stockholmsgade 57,
2100 Kopenhagen Ø, Tel. 35 45 99 00,
www.kopenhagen.diplo.de

Österreich

Österreichische Botschaft,
Sølundsvej 1, 2100 Kopenhagen,
Tel. 39 29 41 41,
www.bmeia.gv.at

Schweiz

Schweizer Botschaft,
Amaliegade 14,
1256 Kopenhagen K,
Tel. 33 14 17 96,
www.eda.admin.ch/copenhagen

Besondere Verkehrsbestimmungen

Höchstgeschwindigkeiten (in km/h): PKW auf Autobahnen 130, in der Umgebung von Städten nur 110, Landstraßen 80, in Ortschaften 50. PKW mit Anhänger sowie Wohnmobile auf Autobahnen 80, auf Landstraßen 70. Kontrollen sind häufig, Verstöße werden mit teilweise hohen Bußgeldern vor Ort geahndet. Die **Promillegrenze** liegt bei 0,5.

Es ist verboten, während der Fahrt ohne Freisprechanlage mit dem **Handy** zu telefonieren. Das **Abblendlicht** muss stets eingeschaltet sein. Für Motorradfahrer gilt Helmpflicht.

Besondere **Verkehrszeichen** sind die weißen, auf die Fahrbahn gemalten Dreiecke, sie bedeuten ›Vorfahrt achten‹. Bei Autobahnzufahrten sind in der Regel entsprechend der Beschilderung (zwei Pfeile, die sich zu einem Pfeil vereinen) beide Seiten gleichberechtigt und müssen sich gegenseitig einfädeln lassen. Dieses Schild wird manchmal auch abseits von Autobahnen verwendet.

Auf der Storebælt- und der Øresundbrücke werden **Mautgebühren** erhoben.

Beachten Sie unbedingt die jeweiligen **Parkgebühren** und Ablaufzeiten! Die Überwachung ist streng, und es werden hohe Strafgebühren verlangt! Bußgeldbescheide können auch in Deutschland vollstreckt werden. Bis zu 10 m vor und hinter Kreuzungen und Einmündungen besteht Parkverbot.

In **Kopenhagen** ist das Parken von Mo 8 Uhr bis Sa 17 Uhr gebührenpflichtig. Die Höhe der Gebühr richtet sich nach der

Allgemeine Informationen – Anreise

Das Land erfahren

Auf 3540 km Länge führt die **Margeritenroute** von Helsingør auf Seeland bis nach Søby auf Ærø kreuz und quer durch Dänemark. Ausgezeichnet mit braunen Schildern, auf denen eine weiß-gelbe Margerite prangt, bringt sie Auto- oder Radfahrer zu mehr als 1000 ausgeschilderten Sehenswürdigkeiten, Kirchen, Klöstern, Steinzeitgräbern, malerischen Dörfern, Naturreservaten oder modernen Freizeitcentern. Dabei nutzt die Streckenführung bevorzugt landschaftlich reizvolle, teilweise schmale Nebenstraßen. Ein Büchlein in deutscher Sprache über die **Panoramastrecken** ist bei Dänemarks Tourismuszentrale VisitDenmark [s. S. 125] oder den größeren Touristenbüros zu erwerben.

Anreise

Auto

Von Hamburg geht es über die A 7 Richtung Flensburg und Grenze. Alternativ geht es per Fähre von Rostock und Puttgarden zu den ostdänischen Inseln bzw. Seeland und Kopenhagen.

Bahn

Über die Vogelfluglinie (Puttgarden/Rødby) und die Große-Belt-Verbindung fahren täglich mehrere Fernzüge von deutschen Großstädten aus nach *Kopenhagen*. Über Flensburg erreicht man mit dem Zug die Städte *Frederikshavn* oder *Kopenhagen*.

Fahrplanauskunft:

Deutschland

Deutsche Bahn, Tel. 01805/99 66 33 (persönliche Auskunft, gebührenpflichtig), Tel. 0800/150 70 90 (sprachgesteuert, kostenlos), www.bahn.de

Österreich

Österreichische Bundesbahn, Tel. 05 17 17, www.oebb.at

Schweiz

Schweizerische Bundesbahnen, Tel. 09 00 30 03 00, www.sbb.ch

Bus

Von vielen deutschen Großstädten aus fahren Fernbusse nach Kopenhagen.

Deutsche Touring,
Am Römerhof 17, 60486 Frankfurt/Main,
Tel. 069/790 35 01, www.touring.de

Parkzone und Uhrzeit. Der Parkschein ist am Automaten der jeweiligen Parkzone erhältlich.

Fähren sind ein unverzichtbares Transportmittel zwischen den dänischen Inseln

Flugzeug

Von vielen deutschen sowie einigen österreichischen und Schweizer Flughäfen bestehen direkte Flugverbindungen nach Kopenhagen (Flughafen, www.cph.dk). Einige Flüge gehen auch direkt nach Billund in Jütland.

Schiff

Die Reedereien sind bei den jew. Punkten unter Praktische Hinweise aufgeführt. Die Fähren Puttgarden/Rødbyhavn, Rostock/Gedser, Mukran/Rønne/Køge und Sylt/Rømø befördern auch Autos und Räder.

Bank, Post, Telefon

Bank

Banken und Sparkassen sind meist Mo bis Fr 10–16, Do bis 17.30 Uhr geöffnet. Mit EC- und Kreditkarten kann man bei vielen Filialen rund um die Uhr Geld abheben. Eine Wechselgebühr von 20–35 DKK wird bei jedem Geldumtausch erhoben. In grenznahen Regionen wird häufig auch der Euro akzeptiert.

Wechselstuben, z.B. in größeren Bahnhöfen, haben meist länger geöffnet, verlangen aber höhere Gebühren als Kreditinstitute.

Post

Die Postämter haben im Allgemeinen Mo–Fr 9/10–17/19, Sa bis 12 oder 14 Uhr geöffnet.

Telefon

Alle dänischen Telefonnummern bestehen aus acht Ziffern und haben die örtliche Vorwahl bereits integriert.

Internationale Vorwahlen:
Dänemark 00 45
Färöer-Inseln 0 02 98
Grönland 0 02 99
Deutschland 00 49
Österreich 00 43
Schweiz 00 41

In öffentlichen **Münztelefonen** lassen sich 1-, 2-, 5, 10 oder 20-Kronenstücke verwenden. Der Minimumbetrag für ein Auslandsgespräch beträgt 5 DKK. Die meisten öffentlichen Fernsprecher sind mittlerweile auf **Telefonkarten** (*Telefonkort*) umgestellt, die es in vielen Geschäften, Kiosken und Tankstellen für DKK 30, 50, und 100 zu kaufen gibt.

Die Benutzung handelsüblicher **Mobiltelefone** ist in ganz Dänemark möglich. Man sollte sich jedoch vor Reiseantritt über das günstigste Netz vor Ort informieren und das eigene Mobiltelefon entsprechend programmieren.

Einkaufen

Die **Geschäfte** sind Mo–Fr 9 oder 10 bis 17.30 oder 18, Do bzw. Fr bis 19 oder 20, Sa bis 12 oder 14 Uhr geöffnet. Bäcker haben auch am Sonntagvormittag geöffnet. In den Feriengebieten sind im Sommer viele Geschäfte täglich geöffnet.

Gern lassen die Dänen bei Wikingerfesten ihre Vergangenheit wieder aufleben

Mehr als Pølser und Smørrebrød

Pølsevogn oder die **Pølsebod** gehören zum dänischen Stadtbild einfach dazu. Die Imbissstände bieten für den kleinen Hunger **Risted** oder **Almindelig**, eine Art Hot-Dog mit Zwiebeln, Gurkenscheiben, Remoulade, Ketchup und Senf. Die Kunst besteht darin, die übereinander geschichtete Köstlichkeit appetitlich zu verspeisen, ohne zu kleckern – zumindest für Touristen keine leichte Aufgabe.

Auch Smørrebrød gehört zur dänischen Lebensart. Natürlich sind es nicht einfache Butterbrote, wie der Name suggeriert. Als Basis dient meist Roggenbrot, bestrichen mit gesalzener Butter, dazu oft ein Salatblatt und dann das Wichtigste: **Paalæg**, der Belag. Hier sind der Fantasie kaum Grenzen gesetzt. Es könnten marinierte Heringsfilets mit roten Zwiebelringen, Kapern und Dillspitzen sein oder gekochte Rinderbrust mit Meerrettichstreifen und grünen Spargelspitzen oder mit **Sky**, gewürztem Gelee. Wichtig ist, dass das Brot unter den Aufschnittkreationen verschwindet.

Smørrebrød ist mehr als Butterbrot

Eine kalte Platte, **Kolde Bord**, besteht meist aus mehreren Gängen. Es beginnt meist mit **Sild**, also Hering, vielleicht mit Currysalat oder in Kräuterlake eingelegt, anschließend etwas Warmes, wie Leberpastete, **Leverpostej**, oder **Frikadeller**. Dann folgt Wurstaufschnitt, etwa mit dem typisch dänischen Rullepølser, Käse wie Danablu oder Havarti, und zum Schluss ein starker Kaffee. Ein eiskalter **Aquavit** oder ein Kräuterschnaps ist nach vielen der kräftigen dänischen Gerichte zur Verdauung anzuraten.

Einige Produkte, wie Fleisch oder alkoholische Getränke, sind teurer als beispielsweise in Deutschland, andere, wie Fisch oder Saisongemüse, können billiger sein.

Zu den beliebtesten **Souvenirs** gehören Gebrauchsartikel für den Haushalt im dänischen Design sowie Kunsthandwerkliches, Keramik, Glas, handgezogene Kerzen, auch Möbel, Silberwaren und Bernsteinschmuck.

Essen und Trinken

Der Tag beginnt mit einem *Morgenmad*, dem Frühstück. Am Mittag gibt es dann *Frokost*, vielleicht mit *Smørrebrød*, einem der kunstvoll belegten Brote. Abends gibt es dann kein Abendbrot, sondern *Middag*, eine warme Mahlzeit.

Wer in Dänemark im **Restaurant** isst, muss meist etwas tiefer in die Tasche greifen. Oft werden jedoch Tagesmenüs zu günstigen Pauschalpreisen angeboten. Dänisches **Bier**, Carlsberg, Tuborg oder von kleinen lokalen Brauereien wird im Land gern getrunken. **Weine** sind allerdings oftmals teuer.

In einer wachsenden Zahl von **Restaurants**, in denen regionale Rezepte und frische Zutaten mit den Ansprüchen einer leichten, schmackhaften Küche kombiniert werden, kreiert eine neue Generation dänischer Köche fantasievolle Fisch- oder Wildgerichte. Billiger ist es freilich, sich an einem Hafen in einem kleinen *Fisk en detail*-Geschäften frischen Fisch zu kaufen und diesen selbst zuzubereiten.

Feiertage

1. Januar (*Nytårsdag*, Neujahr), Gründonnerstag (*Skærtorsdag*), Karfreitag (*Langfredag*), Ostersonntag (*Påskedag*), Ostermontag (*2. Påskedag*), 4. Freitag nach Ostern (*Stor Bededag*, Buß- und Bettag), 6. Donnerstag nach Ostern (*Kristi Himmelfartsdag*, Christi Himmelfahrt), 5. Juni (*Grundlovsdag*/Verfassungstag), Pfingstsonntag (*Pinsedag*), Pfingstmontag (*2. Pinsedag*), 24. Dezember (*Jul*, Heiligabend), 25. Dezember (*Juledag*, 1. Weihnachtstag), 26. Dezember (*2. Juledag*, 2. Weihnachtstag), 1. Januar (*Nytårsaften*, Neujahr).

Weihnachtsstimmung und Punschseeligkeit herrschen beim Julemarket in Tønder

Festivals und Events

Januar

Kopenhagen, **Aarhus**, **Aalborg** und **Odense:** *Nytårs Koncert* – klassische Neujahrskonzerte in den großen Städten.

April

Kopenhagen: *Fødselsdags Parade* – Zum Geburtstag von Königin Margrethe II. defiliert die Palastwache vor Schloss Amalienborg (16. April).

Kopenhagen: *CPH:PIX* (www.cphpix.dk) – internationales Filmfestival mit Schwerpunkt auf Spiel- und Dokumentarfilmen, die meist nicht in Kinos zu sehen sind.

Hvide Sande: *Sildefestival* (www.slidefestival.dk) – Das Heringsfestival ist *das* Angelereignis an der Nordsee, die dort angebotenen Herings- und Fischgerichte munden auch Nichtanglern.

Mai

Ribe: *Vikinger Marked* – bunter Wikingermarkt mit Demonstration alter Handwerks- und Zweikampftechniken (1. Wochenende).

Kopenhagen und **Aalborg:** Das ganze Jahr über bereiten sich die Jecken auf den heißesten **Karneval** des Nordens vor, der mit ausgelassenen Tänzen und exotischen Kostümen aufwartet. Seit seiner Wiederbelebung in den 1980er-Jahren findet das Fest zu Pfingsten statt.

Juni

Silkeborg: *Riverboat Jazz Festival* (www.riverboat.dk) – Das Musikereignis zieht mehr als 25 000 Zuschauer an.

Ganz Dänemark: Am *Sankt Hans Aften* wird mit Feuern und Feiern der längste Tag des Jahres begangen (23. Juni).

Juni/Juli

Frederikssund: *Frederikssund Vikingespil* (www.vikingespillet.dk) – vierwöchiges Wikingerspektakel, mit Open-Air-Theater, traditionellem Essen und Trinken.

Roskilde: *Roskilde Festival* (roskildefestival.dk) – Das größte Rockereignis Nordeuropas lockt gut 70 000 Fans an (Ende Juni/Anfang Juli).

Juli

Skagen: *Skagen Festival* (www.skagenfestival.dk) – Internationale Bands spielen bei Dänemarks nördlichstem Folk- und Rockereignis (Anfang Juli).

Rebild Bakker: *Rebild Fest* (www.rebildfesten.dk) – Mehr als 10 000 Teilnehmer begehen jedes Jahr den US-amerikanischen Unabhängigkeitstag (4. Juli).

Aarhus: *Aarhus Jazz Festival* (www.jazzfest.dk) – Mitte des Monats versammeln sich Tausende Jazz-Fans aus ganz Europa in Aarhus.

Sønderborg, Aabenraa und andere Orte **Südjütlands:** *Ringriderfest* (www.ringriderfest.com, www.ringrider.dk) – Ringreiterspiele, bei denen Reiter versuchen, mit der Lanze im Galopp einen kleinen Ring aufzuspießen.

August

Horsens: *Europæisk Middelalder Festival* (www.middelalderfestival.dk) – Zwei Tage lang wird mit Ritterkämpfen, Minnesang, Gauklern und Gelage gefeiert (2. Monatshälfte).

Tønder: *Tønder Festival* (www.tf.dk) – großes Folkfestival nahe der deutschen Grenze (letztes Augustwochenende).

Kopenhagen: Copenhagen Cooking (www.copenhagencooking.dk) – Neun Tage Ende August dreht sich alles ums Kochen mit vielen Events und Ständen.

August/September

Aarhus: *Aarhus Festuge* (www.aarhusfestuge.dk) – Zehn Tage dauert das Kulturfestival mit Rock, Jazz, Klassik, Theater und Tanz (Ende Aug./Anfang Sept.).

Lolland: Lys over Lolland (www.lysoverlolland.dk) – achttägiges ostdänisches Kulturfestival mit Ausstellungen, Konzerten, Performances, Filmpremieren u.a. (Ende Aug./Anfang Sept.).

September

Rømø: *Dragefestival* (www.danskdrage klub.dk) – Drei Tage lang steigen die schönsten Drachen am Strand von Lakolk in den windigen Himmel (Anfang Sept.).

Oktober

Kopenhagen: *Kulturnat* (www.kulturnat ten.dk) – Zur ›Kulturnacht‹ am 2. Freitag des Monats öffnen Museen, Galerien und Theater bis Mitternacht und zeigen ihre Ausstellungen und ein kulturelles Zusatzprogramm.

Dezember

Tønder: *Julemarket* (www.tonderjul.dk) – Einer der schönsten Weihnachtsmärkte Dänemarks (ab Mitte Nov. bis zum Wochenende vor Weihnachten).

Klima und Reisezeit

Dänemark hat mäßig warme Sommer und milde Winter. Im Sommer klettern die Temperaturen nur selten über 30°C, der kälteste Monat ist der Februar. Meist weht der Wind aus Westen, schnelle **Wetteränderungen** sind nicht selten. Die **Meerestemperaturen** betragen im Sommer 17–21°C. In der Ostsee ist es etwas wärmer als in der Nordsee.

Charakteristisch sind die **langen Tage** im Sommer, zwischen Mai und Anfang August. Am 1. Juli liegen zwischen Sonnenauf- und -untergang 17,5 Stunden.

Entspanntes Putten auf dem üppig grünen Golfplatz bei Stege auf der Insel Møn

Die Sommermonate sind die beliebteste **Reisezeit**, doch auch im Frühjahr und Herbst lassen sich viele an den Küsten den Wind um die Nase wehen. Ende des Jahres sind viele der beheizbaren Ferienhäuser ausgebucht, von Familien oder Gruppen, die Weihnachten und das Neue Jahr inmitten der Dünen feiern wollen.

Klimadaten Kopenhagen

Monat	Luft (°C) min./max.	Sonnen- std./Tag	Regen- tage
Januar	-2/ 2	3	17
Februar	-3/ 2	2	13
März	-1/ 5	3	12
April	3/ 11	5	13
Mai	8/16	9	11
Juni	11/20	14	13
Juli	14/22	16	14
August	14/21	16	14
September	11/18	14	15
Oktober	7/12	12	16
November	3/ 7	8	16
Dezember	1/ 4	5	17

Nachtleben

Dänemark ist sicher nicht das Land mit dem aufregendsten Nachtleben Europas. Dennoch, vor allem in Kopenhagen und Aarhus, gibt es gute Jazzclubs, Bars und Discos. Während der Sommersaison öffnen in den Urlaubsgebieten zahlreiche Musikkneipen mit Disco- oder Livemusik.

Sport

Angeln

An Flüssen und Seen, in Fjorden oder von Kuttern aus in der Ost- oder der Nordsee finden Angler in Dänemark reiche Beute. Die *Gudenå* gehört zu den besten Lachsflüssen Europas. Die Gründe vor *Middelfart*, einem Ort im Westen von Fyn, sind bekannt für ihre Hornhechte, beim sog. *Gelben Riff* vor Hanstholm (Thy) werden kapitale Dorsche aus der Nordsee gezogen. Vorraussetzung ist in der Regel ein **Angelschein** (*Angelkort*), den man beim örtlichen Touristenbüro, aber auch in Postämtern und in vielen Geschäften kaufen kann. Wer unter 18 oder über 65 Jahre alt ist, braucht keinen Angelschein für das Fischen. Einzelne Touristenregionen geben spezielle Angelführer heraus.

Sport

Einen ausführlichen Überblick gibt die kostenlose und ausgesprochen umfangreiche Broschüre ›Angeln‹, die bei der Dänischen Tourismuszentrale [s. S. 125] erhältlich ist.

Golf

Dänemark hat bei Golfern einen guten Ruf. Deutlich mehr als 100 Klubs unterhalten Anlagen in abwechslungsreicher Landschaft. Die meisten von ihnen lassen Gäste ausländischer Golfklubs gegen Gebühr auf ihre Fairways. Wichtig ist, die eigene Mitgliedskarte nicht zu vergessen. Die Greenfees betragen etwa 25–40 € pro Tag.

Die örtlichen Fremdenverkehrsbüros bieten Informationen über Golfplätze in der Nähe. Auf den vielen ›Pay & Play‹-Plätzen hat jeder Interessierte Zutritt, www.payandplay.dk.

Wer glaubt, schon überall eingeputtet zu haben, sollte im März/April zu den **World Ice Golf Championships** auf Uummannaq vor der Westküste Grönlands fahren. Dort wird der Kurs jährlich neu festgelegt, je nachdem, wie die Gletscher ihre Eismassen in Richtung Meer schieben.

Kanufahren

Die **Gudenå** in Mitteljütland kann man von Tørring unweit der Silkeborg-Seen etwa 150 km durch eine harmonische Landschaft bis zum Randers Fjord befahren. Der längste Fluss Seelands, die **Suså**, ist zwischen Næsby Bro durch den schönen Naturpark um die Tystrup-Bavelse-Seen bis zur Mündung bei Næstved befahrbar. Die **Skjern Å**, ein besonders wasserreicher jütischer Fluss, schlängelt sich 72 km von Vester Mølle Dambrug am Rørbæk-See in den Ringkøbing Fjord. Beim Touristenbüro vor Ort sollte man sich nach Fahrmöglichkeiten und etwaigen Einschränkungen erkundigen. Wer kein eigenes Kanu dabei hat, kann an den Flüssen ab ca. 25 €/Tag eines mieten.

Radfahren

Von Mai bis September sind in Dänemark Tausende auf Fahrrädern unterwegs. Häufig in Gruppen, radeln sie auf gut ausgebauten Fahrradwegen durch die flache oder sanft hügelige Natur. Das größte Hindernis ist gelegentlich der Wind, wenn er steif von Westen weht. Elf nationale **Fahrradrouten** ohne Autoverkehr mit insgesamt 3500 km Länge durchziehen das ganze Land, von einer ›Südseeroute‹ durch geruhsame Städte im südfünischen Inselmeer oder einem ›Trip rund um Bornholm‹ bis zur langen ›Westküstenroute‹ von Rudbøl an der deutschen Grenze bis nach Skagen. Alle sind mit einem Fahrradsymbol auf blauem Grund ausgeschildert. Hinzu kommen etwa 7000 km regionale und lokale Routen. Verbindungen mit deutschen Fahrradwegen bestehen bereits entlang des historischen Heer- und Ochsenweges zwischen Viborg und Schleswig-Holstein. Die informative Broschüre ›Dänemark Rad- und Wanderurlaub‹ ist bei der Dänischen Tourismuszentrale erhältlich. Weitere Infos gibt der **Dansk Cyklist Forbund** auf seiner Homepage (www.dcf.dk).

Reiten

Vielerorts, vor allem in **Jütland** und auf **Seeland** ist ein Reiturlaub möglich. Das Angebot reicht von Islandponys bis zu ausgewachsenen Spring- oder Dressurpferden. Wer schon immer entlang der Wasserlinie über den Strand reiten wollte, findet bereits kurz hinter der Grenze auf **Rømø** sein Urlaubsparadies.

Schwimmen

Wasser ist genug da, auch wenn es keine tropischen Temperaturen hat, und auch Strände gibt es reichlich, feinsandig, mit Kieselsteinen durchsetzt oder graswachsen. Insgesamt 5000 km der dänischen Küste eignen sich zum Baden und Schwimmen. Selbst in der Hochsaison kann man abseits der Touristenzentren noch mit der Natur allein sein. Die Wasserqualität wird laufend kontrolliert, insgesamt mehr als 200 **blaue Flaggen** weisen auf den überwiegend guten Zustand von Strand und Wasser hin. An den Stränden herrscht eine entspannte Atmosphäre, für beiderlei Geschlecht wird in der Regel eine **Badehose** als ausreichend angesehen. Vollständig hüllenlos wird allerdings nur an wenigen FKK-Stränden oder einsameren Küstenabschnitten gebadet.

An einigen Stellen, etwa bei Kandesterne südlich von Skagen, zwischen Blokhus und Løkken an der Jammerbucht, bei Tversted, bei Vejers, auf Fanø oder Rømø dürfen **Pkws** die breiten und flachen Strände entlangfahren. **Hunde** müssen zwischen 1. April und 30. September an den Stränden angeleint werden.

Segeln

Die Fjorde, Sunde und Belte des Kattegat und der Ostseeküsten sind ein ideales Segelrevier. **Anfänger** und erfahrene Segler kommen beim Kreuzen in der dänischen Südsee auf ihre Kosten. Dort warten mehr als 500 Marinas und idyllische Häfen auf Freizeitkapitäne. **Könner** segeln gern nach Norden zur Insel *Anholt*, sagen der Spitze Dänemarks bei *Skagen* guten Tag oder steuern die Insel *Bornholm* im Osten an.

An der deutschen Ostseeküste oder in Dänemark kann man Boote mit und ohne Skipper mieten. Das Tragen von **Schwimmwesten** ist Pflicht. Für das Steuern von Motorbooten in dänischen Gewässern benötigt man einen **Bootsführerschein** oder muss eine Prüfung durch die Seefahrtsbehörde Søfartsstyrelsen (www.soefartsstyrelsen.dk) ablegen. Für Sportboote von weniger als 15 m Länge wird kein Sportbootführerschein benötigt.

Windsurfen

In Dänemark müssen Surfer nicht auf den Wind warten, er wartet auf sie. Die besten Surfreviere – auch für Könner –

Paraglider und Müßiggänger auf der Rubjerg Knude-Wanderdüne

befinden sich entlang der langen **Nordseeküste** von Jütland bis hinauf nach Gammel Skagen, wo regelmäßig internationale Turniere ausgesegelt werden. Aber auch die vor der offenen Brandung geschützten Strandseen wie am **Ringkøbing Fjord** oder die Wasserflächen des **Limfjord** sind ebenso wie das **Kattegat** vor der Küste Nordseelands bei Windsurfern beliebt. Während der Sommersaison haben entlang der Küsten rund drei Dutzend Surfschulen geöffnet.

Statistik

Lage: Dänemark ist das südlichste und kleinste der skandinavischen Länder. Es umfasst, ohne die halbautonomen atlantischen Gebiete *Färöer-Inseln* und *Grönland* 43 098 km^2, etwa soviel wie die Schweiz. Die Luftlinie zwischen dem nördlichsten Punkt bei Skagen und dem südlichsten auf Gedser beträgt 356 km, vom westlichen Esbjerg bis nach Kopenhagen sind es 301 km, Bornholm liegt weitere 150 km östlich. Die Halbinsel Jütland teilt mit dem deutschen Bundesland Schleswig-Holstein eine 69 km lange Grenze. Zum dänischen Königreich gehören mehr als 400 Inseln, von denen weniger als ein Viertel bewohnt ist. Mit *Rømø*, *Fanø* und *Mandø* liegen nur drei von ihnen vor der Westküste in der Nordsee, der Rest befindet sich zwischen Jütland und Südschweden in der Ostsee. Seeland ist mit 7104 km^2 die größte Insel Dänemarks. Die Gesamtlänge aller Küsten beträgt ca. 7300 km. Berge findet man in Dänemark nicht, die höchste natürliche Erhebung, der *Møllehøj*, misst 170,86 m.

Bevölkerung: In Dänemark leben 5,5 Mio. Menschen. Knapp 91 % sind dänischer, gut 9 % ausländischer Herkunft: aus anderen skandinavischen Ländern, daneben gibt es, vor allem nahe der deutschen Grenze, eine deutschsprachige Minderheit sowie Gruppen von vorwiegend Nicht-EU-Europäern, Afrikanern und Asiaten. Hauptstadt und gleichzeitig größte Stadt des Landes ist Kopenhagen mit knapp 1,8 Mio. Einwohnern (inkl. Randgemeinden). Es folgen Aarhus mit 256 000, Odense mit 170 000 sowie Aalborg mit 107 000 Einwohnern. Dänemarks Bevölkerungsdichte beträgt durchschnittlich 129 Personen/km^2. Der World Happiness Report der UN kommt 2013 (wie im Vorjahr) zu dem Ergebnis, dass die Dänen das glücklichste Volk der Welt sind.

Religion: Rd. 81 % gehören der evangelisch-lutherischen Staatskirche (*Folkekirke*) an. Der Anteil anderer christlicher Gruppen beträgt 1,7 %, Muslime machen 3 % aus, fast jeder Zehnte gibt keine Glaubenszugehörigkeit an.

Verwaltung: Das *Kongeriget Danmark* ist eine konstitutionelle Erbmonarchie mit einem Ein-Kammer-Parlament aus 179 Abgeordneten, dem *Folketing*, das alle vier Jahre neu gewählt wird. 1849 wurde die absolutistische Herrschaft des Königs aufgehoben. Staatsoberhaupt ist seit 1972 Königin Margrethe II.

Der Staat ist nach einer Strukturreform 2007 in fünf Regionen eingeteilt.

Dänemark gehört der EU an und ist aktiv in der NATO vertreten mit einer Armee von 22 000 Männern und Frauen. Der dänische Staat ist Mitglied des Europarates und der UNO.

Wirtschaft: Dänemark produziert und exportiert vor allem Nahrungsmittel, Maschinen, Elektronik, Möbel und chemische Produkte. Kopenhagen, der mit Abstand wichtigste Gewerbestandort, verfügt über Getränkeindustrie, Werften, Reedereien, Banken und Versicherungen, Chemieindustrie, Elektronik und Kommunikationstechnik.

Dänemark besitzt fast keine Rohstoffe, lediglich im Festlandssockel der Nordsee vor der dänischen Westküste werden Erdöl und Erdgas gefördert. Diese Vorkommen decken zusammen mit den vor allem auf dem flachen Land unübersehbaren Windenergieanlagen 90 % des gesamten Energiebedarfs Dänemarks.

Etwa 62 % des Landes wird landwirtschaftlich genutzt. Milch- und Fleischprodukte machen den größten Exportanteil im Agrarbereich aus. Eine bedeutende Rolle spielt auch die Fischerei, vor allem an der Nordsee. Im Dienstleistungsbereich sind etwa drei Viertel der Beschäftigten tätig, in der Industrie 20 %, der Rest u. a. in der Landwirtschaft.

Der hohe Lebensstandard mit weit verzweigter Infrastruktur, kostenfreiem Gesundheits-, Bildungs- und Rentensystem auf hohem Niveau hat seinen Preis in relativ hohen Steuern auf Einkommen und Verbrauchsgüter. Die Arbeitslosenquote beträgt ca. 6,5 % (2013), das Bruttoinlandsprodukt pro Kopf rund 42 500 € (2013).

Unterkunft

Bed & Breakfast

Besonders in den Feriengebieten vermitteln die örtlichen Touristenbüros Privatunterkünfte. Häufig weist auch ein einfaches, von Hand gemaltes Schild ›Zimmer‹, ›Rooms‹ oder ›Værelse‹ am Straßenrand den Weg zu derlei günstigen Unterkunftsmöglichkeiten. Infos:

Dansk Bed & Breakfast, Sankt Peders Stræde 41, 1453 Kopenhagen K, Tel. 39 61 04 05, www.bbdk.dk

Camping

Mehr als 520 Campingplätze warten an den Küsten und im Binnenland auf Gäste. Wildes Campen ist in Dänemark nicht erlaubt. Eine Auswahl geprüfter Plätze bieten zudem der jährlich erscheinende **ADAC Campingführer** sowie der **ADAC Stellplatzführer** (adac.de/campingfuehrer). Die Inhalte gibt es auch als App für iPhone, iPad und Android-Geräte in den Appstores von Apple und Google.

Ein Sonderprospekt des dänischen Campingplatzverbandes listet seine Plätze mitsamt einer Übersichtskarte auf. Infos:

Campingrådet, Mosedalvej 15, 2500 Valby, www.daenischecampingplaetze.de

Ferienhäuser und Ferienwohnungen

Rund 50 000 private Ferienhäuser, dazu Ferienwohnungen in meist geschmackvollen Anlagen mit großem Freizeit- und Sportangebot, werden direkt oder über Reise- und Vermittlungsbüros in Deutschland und Dänemark vermietet. Auch die örtlichen Touristenbüros vermitteln häufig Unterkünfte. Die Preise schwanken stark, je nach Lage, Ausstattung und Saison. Hochsaison ist während der Sommerferien und in der Woche zwischen Weihnachten und Neujahr. Die größten Ferienhausvermieter sind:

Novasol, Gotenstr. 11, 20097 Hamburg, Tel. 040/23 88 59 82, www.novasol.de

Dansommer, Voldbjergvej 16, DK-8240 Risskov (dt. Vertretung: Gotenstr. 11, 20097 Hamburg, Tel. 040/219 97 11 82), www.dansommer.de

DanCenter, Spitalerstr. 16, 20095 Hamburg, Tel. 040/309 70 30, www.dancenter.de

Über die Homepage von Agenturen wie etwa **www.sonneundstrand.de** (Tel.

In einem ›Kro‹, einem dänischen Gasthof, darf man gepflegte Gastlichkeit erwarten

Landgasthöfe

Die sog. **Kros** sind etwas typisch Dänisches. Ihre Tradition geht auf Gasthäuser zurück, die einst der König lizensierte, Übernachtungen entlang der Fernstraßen anzubieten, Bier zu brauen und Schnaps zu brennen. Etwa 300 von ihnen stehen noch immer an den Kreuzungen der früheren Verkehrswege. Eine jährlich aktualisierte Übersicht und Infos bei

Small Danish Hotels, Vejlevej 16, DK-8700 Horsens, Tel. 75 64 87 00, www.smalldanishhotels.dk

Schlösser

Zwei Dutzend Schlössern und Herrensitzen halten stilvolle Zimmer für Gäste bereit. Infos:

Danske Slotte & Herregaarde, Frederiksberggade 2.1, DK-1459 København K, Tel. 86 60 38 44, www.slotte-herregaarde.dk

04 61/144 20 20) oder auch **www.ferie partner.de** kann man sich über Angebote mehrerer Anbieter informieren und Ferienhäuser gleich online buchen.

Ferienhäuser auf der Ferieninsel Bornholm vermittelt:

Bornholms Sommerhus Udlejning (v.a. im Inselnorden), Postgade 2, Tejn, DK-3770 Allinge, Tel. 56 48 05 70, www.bsu.dk

Hotels

In Dänemark gibt es mehr als 1000 Hotels verschiedener Größe und Ausstattung. **VisitDenmark** [s. S. 125] gibt jährlich eine Gesamtübersicht der dänischen Hotels heraus, klassifiziert nach Sternen, die der dänische Hotelverband Horesta zuteilt (www.danischehotels.de).

Jugendherbergen

Etwa 100 **Danhostels**, Jugend- und Familienherbergen, stehen im ganzen Land zur Verfügung. Auch wenn sie häufig **Vandrerhjem**, Wandererheim, genannt werden, kann man mit dem Fahrrad oder Auto anreisen. Voraussetzung für die Aufnahme ist ein gültiger Jugendherbergsausweis. Diesen kann man unabhängig vom Alter in jedem Danhostel erwerben. Auskünfte erhält man bei:

Danhostel – Danmarks Vandrerhjem, Vesterbrogade 39, DK-1620 København V, Tel. 33 31 36 12, www.danhostel.dk

Verkehrsmittel im Land

Bahn/Bus

Zwischen den größeren Städten Dänemarks verkehren Busse und Bahnen im Stundentakt. Über lokale Verbindungen erteilen die Touristenbüros Auskunft.

Flugzeug

Mit Anschlussflügen lassen sich von Kopenhagen aus Aarhus, Aalborg, Billund, Esbjerg, Odense, Rønne sowie einige kleinere dänische Städte erreichen.

Mietwagen

In Kopenhagen sind alle internationalen Anbieter präsent. Auch in mittelgroßen Städten und in vielen Ferienzentren lassen sich PKW anmieten. Für Mitglieder bietet die **ADAC Autovermietung** günstige Konditionen: Buchung über die ADAC Geschäftsstellen oder unter Tel. 089/76 76 34 34 oder über die ADAC Webseite www.adac.de.

Schiff

Auch wenn mehr und mehr Brücken die Inseln verbinden, bleibt Dänemark ein Land der Fähren. Die einzelnen Fährstrecken sind bei den jeweiligen Orten im Haupttext aufgeführt.

Sprachführer
Dänisch für die Reise

Das Wichtigste in Kürze

Ja	Ja
Nein	Nej
Bitte	Værsgod
Danke	Tak
In Ordnung!	I orden!
Entschuldigung!	Undskyld!
Wie bitte?	Hvad behager?
Ich verstehe Sie nicht.	Jeg forstår dig ikke.
Ich spreche nur wenig Dänisch.	Jeg taler kun lidt dansk.
Können Sie mir bitte helfen?	Kan du være så venlig at hjælpe mig?
Ich möchte ...	Jeg vil gerne have ...
Gibt es ...?	Findes der ...?
Das gefällt mir (nicht).	Det kan jeg godt/ikke lide.
Wie viel kostet ...?	Hvor meget koster ...?
Kann ich mit Kreditkarte bezahlen?	Kan jeg betale med kreditkort?
Wie viel Uhr ist es?	Hvad er klokken?
Guten Morgen!	God morgen!
Guten Tag!	Goddag!
Guten Abend!	God aften!
Gute Nacht!	God nat!
Hallo!/Grüß dich!	Hej!
Wie geht es Ihnen?	Hvordan har du det?
Auf Wiedersehen!	Farvel!
Tschüs!	Hej, hej!
Bis bald!	Vi ses!
Wie ist Ihr Name?	Hvad hedder du?
Mein Name ist ...	Jeg hedder ...
Ich bin Deutsche(r).	Jeg er tysker.

Zahlen

0	nul	19	nitten
1	en	20	tyve
2	to	21	enogtyve
3	tre	22	toogtyve
4	fire	30	tredive
5	fem	40	fyrre
6	seks	50	halvtreds
7	syv	60	tres
8	otte	70	halvfjerds
9	ni	80	firs
10	ti	90	halvfems
11	elleve	100	hundrede
12	tolv	200	tohundrede
13	tretten	1 000	tusind
14	fjorten	2 000	totusind
15	femten	10 000	titusind
16	seksten	100 000	hundredtusind
17	sytten	1/2	en halv
18	atten	1/4	en kvart

Ich komme aus Deutschland.	Jeg kommer fra Tyskland.
gestern	i går
heute	i dag
morgen	i morgen
am Vormittag/ am Nachmittag	om formiddagen/ om eftermiddagen
am Abend/ in der Nacht	om aftenen/ om natten
um 1 Uhr/ um 2 Uhr ...	klokken 1/ klokken 2 ...
um Viertel vor (nach) ...	kvart i (over) ...
um ... Uhr 30	halv ...
Minute(n)/	minut(ter)/
Stunde(n)/	time(r)/
Tag(e)/	dag(e)/
Woche(n)	uge(r)
Monat(e)/	måned(er)/
Jahr(e)	år

Wochentage

Montag	mandag
Dienstag	tirsdag
Mittwoch	onsdag
Donnerstag	torsdag
Freitag	fredag
Samstag	lørdag
Sonntag	søndag

Monate

Januar	januar
Februar	februar
März	marts
April	april
Mai	maj
Juni	juni
Juli	juli
August	august
September	september
Oktober	oktober
November	november
Dezember	december

Maße

Kilometer	kilometer
Meter	meter
Zentimeter	centimeter
Kilogramm	kilo
Pfund	halvt kilo
Gramm	gram
Liter	liter

■ Unterwegs

Nord/Süd/West/Ost	nord/syd/vest/øst
oben/unten	oppe/nede
geöffnet/geschlossen	åben/lukket
geradeaus/links/ rechts/zurück	ligeud/venstre/ højre/tilbage
nah/weit	ikke langt/langt
Wie weit ist ...?	Hvor langt er der til ...?
Wo sind die Toiletten?	Hvor er toiletterne?
Wo ist die (der) nächste Telefonzelle/ Post/Bank/ Geldautomat/ Polizeistation?	Hvor er den nærmeste telefonboks/ post/bank/ pengeautomat/ politistation?
Bitte, wo ist ... der Hauptbahnhof/ der Busbahnhof/ die Bushaltestelle/ die Tramstation/ der Flughafen?	Undskyld, hvor er hovedbanegården/ rutebilstationen/ busstoppestedet/ sporvogns- stoppestedet/ lufthavnen?
Wo finde ich ... eine Apotheke/ eine Bäckerei/ ein Lebensmittel- geschäft/ ein Kaufhaus/ den Markt?	Hvor finder jeg ... et apotek/ et bageri/ en fødevareforret- ning/ et varehus/ markedet?
Ist das der Weg/ die Straße nach ...?	Er dette vejen til/ vejen til ...?
Ich möchte mit ... dem Bus/ der Tram/ dem Schiff/ der Fähre/ dem Zug/ dem Flugzeug nach ... fahren.	Jeg vil gerne ... køre med bussen/ køre med sporvognen/ sejle med skibet/ sejle med færgen/ køre med toget/ flyve til ...
Gilt dieser Preis für Hin- und Rückfahrt?	Gælder denne pris tur/retur?
Wie lange ist das Ticket gültig?	Hvor længe er billetten gyldig?
Wo finde ich ... das Fremden- verkehrsamt/ ein Reisebüro?	Hvor kann jeg finde ... touristkontoret/ et rejsebureau?
Ich benötige eine Hotelunterkunft.	Jeg har brug for et hotelværelse.
Wo kann ich mein Gepäck lassen?	Hvor kan jeg anbringe min bagage?

■ Notfälle

Ich möchte eine Anzeige erstatten.	Jeg vil gerne anmelde noget.
Man hat mir ... mein Geld/ meine Tasche/ meine Schlüssel/ meine Papiere/ meinen Fotoapparat/ meinen Koffer/ mein Fahrrad gestohlen.	mine penge/ min taske/ mine nøgler/ mine dokumenter/ mit fotoapparat/ min kuffert/ min cykel er blevet stjålen.

■ Freizeit

Ich möchte ein ... Fahrrad/ Mountainbike/ Motorrad/ Surfbrett/ Boot mieten.	Jeg vil gerne leje en cykel/ et mountainbike/ en motorcykel/ et surfbræt/ en båd.
Gibt es ein(en) ... Freizeitpark/ Freibad/ Golfplatz Reitschule Strand in der Nähe?	Findes der ... en forlystelsespark/ et friluftsbad/ en golfbane en rideskole strand i nærheden?
Wann hat .... geöffnet?	Hvornår er ... åben?

■ Bank, Post, Telefon

Brauchen Sie meinen Ausweis?	Har de brug for mit pas?
Wo soll ich unterschreiben?	Hvor skal jeg skrive under?

■ Hinweise zur Aussprache

a	›a‹ oder ›ä‹
å	offenes ›o‹, z. B. **å**ben
ag	›au‹ (vor Mitlaut), z. B. l**ag**kage ›äj‹ (vor Selbstlaut), z. B. tilb**ag**e ›ää‹ (am Wortende), z. B. godd**ag**
av	›au‹, z. B. n**av**n
æ	›ä‹, z. B. hj**æ**lp
d	meist wie engl. ›th‹, z. B. go**d** stumm nach ›g‹, ›l‹ oder ›n‹
c	›ss‹ (vor e, i y, æ, ø), z. B. **c**ykel ›k‹ (vor o, u, å), z. B. **c**amping
eg, ej, ig	›ei‹, z. B. m**ig**
eu, ev, æv	›ä-u‹ (getrennt), z. B. lig**eu**d
g	›w‹ (nach o, u, å), z. B. vo**g**n ›j‹ (nach a, e, i, y, æ, ä), z. B. ka**g**e stumm vor ›l‹, z. B. fu**g**le
iv	›iu‹ (zusammengezogen)
k	›g‹, z. B. i**k**ke
ø	›ö‹, z. B. smørrebrød
øj, øg	›oi‹, z. B. h**øj**re
ov, og	›ou‹, z. B. **ov**er, t**og**et
p	›b‹, z. B. a**p**elsin
t	›d‹, z. B. kan**t**arel
y	›ü‹, z. B. unsk**y**ld
yv	›üu‹ (zusammengezogen)
v	›w‹, z. B. **v**il

Wo gibt es ...	Hvor findes der ...
Telefonkarten/	telefonkort/
Briefmarken?	frimærker?

Tankstelle

Wo ist die nächste Tankstelle?	Hvor er den nærmeste tankstation?
Ich möchte ...	Jeg vil gerne have ...
Liter ...	liter ...
Super/Diesel	super/diesel
Erdgas.	Naturgas, CNG.
Volltanken, bitte.	Vær venlig at fylde tanken op.
Bitte prüfen Sie ...	Kan du være så venlig at checke ...
den Reifendruck/	dæktrykket/
den Ölstand/	oliestanden/
den Wasserstand/	vandstanden/
das Wasser für die Scheibenwischanlage/	vandet til rudeviskeranlægget/
die Batterie.	batteriet.
Würden Sie bitte ...	Vil du være så venlig ...
das Öl wechseln /	at skifte olien/
das Rad wechseln /	at skifte hjulet/
die Sicherung austauschen/	at bytte sikringen/
die Zündkerzen erneuern/	at indsætte nye tændrør/
die Zündung nachstellen?	at justere tændrørene?

Panne

Ich habe eine Panne.	Jeg har motorstop.
Der Motor startet nicht.	Motoren starter ikke.
Ich habe die Schlüssel im Wagen gelassen.	Jeg har efterladt nøglerne i bilen.
Ich habe kein Benzin mehr.	Jeg er kørt tør for benzin.
Gibt es hier in der Nähe eine Werkstatt?	Findes der et værksted i nærheden?
Können Sie mir einen Abschleppwagen schicken?	Kan du sende mig en bugseringsvogn?
Können Sie den Wagen reparieren?	Kan du reparere bilen?
Bis wann?	Til hvornår?

Mietwagen

Autovermietung	Biludlejning
Ich möchte ein Auto mieten.	Jeg vil gerne leje en bil.
Was kostet die Miete ...	Hvad koster lejen ...
pro Tag/	pr. [per] dag/
pro Woche/	pr. [per] uge/
mit unbegrenzter km-Zahl/	med ubegrænset km-tal/
mit Kaskoversicherung/	med kaskoforsikring/
mit Kaution?	med depositum?
Wo kann ich den Wagen zurückgeben?	Hvor kann jeg tilbagelevere bilen?

Unfall

Hilfe!	Hjælp!
Achtung!/ Vorsicht!	Pas på!
Rufen Sie schnell ...	Kald hurtig ...
einen Krankenwagen/	en ambulance/
die Polizei/	politiet/
die Feuerwehr.	brandvæsenet.
Es war (nicht) meine Schuld.	Det var (ikke) min skyld.
Geben Sie mir bitte Ihren Namen und Ihre Adresse.	Venligst giv mig dit navn og din adresse.
Ich brauche die Angaben zu Ihrer Autoversicherung.	Jeg har brug for oplysningerne om din bilforsikring.

Krankheit

Können Sie mir einen Arzt/Zahnarzt empfehlen, der Deutsch spricht?	Kann du anbefale mig en god læge/ tandlæge, der taler tysk?
Wo ist die nächste Apotheke?	Hvor ligger det nærmeste apotek?
Ich brauche ein Mittel	Jeg har brug for noget
gegen ...	mod ...
Durchfall/	diarré/
Halsschmerzen/	halssmerter/
Fieber/	feber/
Kopfschmerzen/	hovedpine/
Verstopfung/	forstoppelse/
Zahnschmerzen.	tandsmerter.

Hotel

Können Sie mir ein Hotel/eine Pension empfehlen?	Kan du anbefale mig et hotel/ en pension?
Ich habe bei Ihnen ein Zimmer reserviert.	Jeg har reserveret et værelse hos dig.
Haben Sie ...	Har du ...
ein Einzelzimmer/	et enkeltværelse/
ein Doppelzimmer ...	et dobbeltværelse/
mit Bad/	med bad/
Dusche	bruser
für eine Nacht/	for en nat/
für eine Woche?	for en uge?
mit Blick aufs Meer?	udsigt til havet?
Was kostet das Zimmer	Hvad koster værelset
mit Frühstück/	med morgenmad/
mit Halbpension/	med halvpension/
mit Vollpension?	med fuldpension?
Wie lange gibt es Frühstück?	Hvor længe kan man få morgenmad?

Ich möchte um ... Uhr geweckt werden.	Jeg vil gerne blive vækket klokken ...
Ich reise heute Abend/ morgen früh ab.	Jeg afrejser i aften/ i morgen tidlig.
Haben Sie ein Fax/ Internetzugang/ einen Hotelsafe?	Har du en faxmaskine/ internetadgang/ en hotelsafe?
Kann ich mit Kreditkarte bezahlen?	Kan jeg betale med kreditkort?

Restaurant

Wo finde ich ein gutes/ ein günstiges Restaurant.	Hvor finder jeg en god/ en billig restaurant?
Die Speisekarte/ Getränkekarte, bitte.	Må jeg bede om spisekortet/vinkortet.
Welches Gericht können Sie besonders empfehlen?	Hvilken ret vil du anbefale?
Ich möchte das Tagesgericht/ Menü (zu ...)	Jeg vil gerne have dagens ret/ menuen (til ...)
Ich möchte nur eine Kleinigkeit essen.	Jeg vil kun spise en lille ret.
Haben Sie ... vegetarische Gerichte/ offenen Wein/ alkoholfreie Getränke/	Har I ... vegetariske retter/ åben vin/ softdrinks/
Kann ich bitte ... ein Messer/ eine Gabel/ einen Löffel haben?	Må jeg bede om en kniv/ en gaffel/ en ske?
Die Rechnung, bitte/ Bezahlen, bitte!	Kan jeg få regningen/ Jeg vil gerne betale!

Essen und Trinken

Abendessen	middag
Apfel	æble
Austern	østers
Barsch	aborre
Bier	øl
Birne	pære
Braten	steg
Brot/Brötchen	brød/rundstykke
Butter	smør
Ei	æg
Eiscreme	is
Erdbeere	jordbær
Essig	eddike
Fisch	fisk
Flasche	flaske
Fleisch	kød
Frikadellen	frikadeller
Fruchtsaft	frugtsaft
Frühstück	morgenmad
Geflügel	fjerkræ
Gemüse	grønsager
Glas	glas
Gurke	agurk
Heilbutt	helleflynder
Hering	sild
Himbeere	hindbær
Hörnchen	horn
Huhn	kylling
Kaffee, schwarz	kaffe, sort
Kaffee mit Milch	kaffe med mælk
Kalb	kalv
Kartoffeln	kartofler
Käse	ost
Kirschen	kirsebær
Krabben	rejer
Lachs	laks
Leberpastete	leverpostej
Meeresfrüchte	alt godt fra havet
Milch	mælk
Mineralwasser (mit/ ohne Kohlensäure)	mineralvand (med/ uden brus)
Mittagessen	frokost
Muscheln	muslinger
Nachspeisen	dessert
Nudeln	nudler
Öl	olie
Pfeffer	peber
Pflaumen	blommer
Pilze	svampe
Reis	ris
Rindfleisch	oksekød
Salat	salat
Salz	salt
Schinken	skinke
Scholle	rødspætte
Schweinefleisch	svinekød
Stockfisch	stokfisk
Suppe	suppe
Süßigkeiten	slik
Tee	te
Tintenfisch	blæksprutte
Vorspeisen	forretter
Wein	vin
Weißwein	hvidvin
Rotwein	rødvin
Roséwein	rosévin
Weintrauben	vindruer
Zucker	sukker

Besondere Hinweise

In Dänemark gebraucht man im Allgemeinen bei der Anrede das ›du‹.

Im Dänischen gibt es drei Sonderzeichen, Æ/æ, Ø/ø und Å/å, die in dieser Reihenfolge am Ende des Alphabets stehen. Das Å/å löste 1948 im Rahmen einer Rechtschreibreform das Aa/aa ab, doch ist die Schreibung nach wie vor uneinheitlich. So findet man z. B. die Ortsnamen Aarhus ebenso wie Århus, oder Aabenraa statt Åbenrå. Im Internet findet man Suchbegriffe mit den Sonderzeichen meist, wenn man stattdessen AE, OE und AA eingibt.

Sagen Sie uns die Meinung!

Wir möchten mit unseren Reiseführern für Sie, Ihren Urlaub und Ihre Reise noch besser werden. Nehmen Sie sich deshalb bitte kurz Zeit, uns einige Fragen zu beantworten. Als Dankeschön für Ihre Mühe verlosen wir hochwertige Preise unter allen Teilnehmern.

1. PREIS
Eine zweiwöchige Fernreise für zwei Personen

2. PREIS
Wochenend-Trip in eine europäische Hauptstadt

3. PREIS
je einen von 100 Reiseführern Ihrer Wahl

Mitmachen auf
www.reisefuehrer-studie.de

Oder QR-Code mit Tablet/Smartphone scannen.

 Reiseführer

Teilnahmebedingungen: Teilnahmeschluss: 31.12.2014. Teilnahmeberechtigt sind alle Personen, die das 18. Lebensjahr vollendet haben, mit Ausnahme der Mitarbeiter der TRAVEL HOUSE MEDIA GmbH und deren Angehörige. Der Rechtsweg ist ausgeschlossen. Der Gewinn ist nicht übertragbar und nicht gegen Bargeld einlösbar. Die Gewinner werden schriftlich benachrichtigt. Wir versichern Ihnen, dass Ihre Daten den Bestimmungen des Bundesdatenschutzgesetzes (BDSG) unterliegen und keinem Dritten zugänglich gemacht werden.
Fotos v.l.: fotolia©Pakhnyushchyy; fotolia©elenaburn

Register

A

Aakirkeby 64–65
Aalborg 95, 109, 110–113
Aalholm 49
Aalto, Alvar 111
Aalto, Elissa 111
Aarhus 46, 67, 81, 95, 103–106
Absalon, Bischof von Roskilde 19, 20, 21, 25, 37
Ærø 67, 78–79, 110
Ærøskøbing 76, 78
Agger 109, 116
Allinge 54, 57–58
Als 14, 74, 82
Ancher, Anna 10, 85, 121, 122
Ancher, Michael 10, 60, 121, 122
Andersen, Hans Christian 10, 15, 20, 28, 32, 52, 67, 68, 69
Anholt 107
August, Bille 11, 30, 62

B

Bakken 15, 33
Bang & Olufsen 87, 115
Barnël, Jean-Jaques 111
Berg, Claus 68, 104
Bernstein 113, 117, 129
Bille, Ejler 85
Billund 81, 87
Björk, Oscar 122
Blixen-Finecke, Karen Baronesse 43
Blixen, Tanja 43
Blokhus 117
Bohr, Niels Hendrik David 24, 32
Bøjden 82
Bonde, Peter 85
Bornholm 6, 7, 8, 18, 21, 65
Brahe, Tycho 30
Brecht, Bert 76
Bregninge Kirke 77
Brogårdsten 56
Bundgaard, Anders 28
Buxtehude, Dietrich 42

C

Carstensen, Georg 31
Christian II., König von Dänemark 38, 82
Christian IV., König von Dänemark 19, 22, 23, 38, 41, 44, 77, 84
Christian IX., König von Dänemark 38
Christiansen, Ole Kirk 87
Christiansfeld 83
Christian VIII., König von Dänemark 31
Christian V., König von Dänemark 26, 56
Clausen, Franciska 85
Compenius, Esaias 45

D

Dagmar, Königin von Dänemark 48
Dahlerup, Vilhelm 20, 29
Dannebrog 27, 40
Danfoss Universe 82
Design 10, 25, 85, 87, 88, 103, 106
Djursland 106–107
Dolmen 54, 78
Døndalfaldet 59
Drachmann, Holger 121, 122
Dragør 33
Dueodde 54, 63–64

E

Ebeltoft 107
Eckersberg, Christoffer Wilhelm 20, 28, 32
Egeskov Slot 10, 73–74
Eigtved, Nicolai 23
Elmelunde Kirke 53
Erik IV., König von Dänemark 48, 84
Eriksen, Edvard 28
Erik V., König von Dänemark 71
Erik von Pommern, König von Dänemark 41
Esbjerg 81, 96–98

F

Faaborg 74–75, 79
Falster 8, 15, 49, 50–52
Fanefjord Kirke 53
Fanø 81, 94, 96
Föroer-Inseln 99
Fårup Sommerland 117
Fjerritslev 116
Folketing 21
Fort Langeland 78
Fredensborg 46
Frederik III., König von Dänemark 22
Frederik II., König von Dänemark 41, 44
Frederik IV., König von Dänemark 45
Frederik IX., König von Dänemark 38
Frederiksborg Slot 10, 44, 54
Frederikshavn 109, 119–121
Frederik VI., König von Dänemark 119
Frederik V., König von Dänemark 27
Fünen 6, 7, 10, 82
Fynshav 74, 82
Fyrkat 95, 110

G

Gedser 51
Gilleleje 44, 54
Gorm der Alte, König von Dänemark 86
Grenaa 107
Grenen 6, 109, 119, 123
Grönland 95, 99
Gudenå 102
Gudhjem 57, 59–61, 62
Gyldenløves Høj 18

H

Haderslev 81, 83–84
Hamlet 41, 54
Hammershus 54, 58, 64
Hansen, Svend Wiig 96
Hanstholm 116
Harald Blauzahn, König von Dänemark 37, 47, 81, 86
Hellerup 32
Helligdomklipperne 60
Helsingør 18, 41–44, 110
Henningsen, Poul 87
Herning 102
Hillerød 10, 44–46
Himmelbjerget 102
Himmerland 109
Hirschsprung, Heinrich 28
Hirtshals 117, 119
Hjerl Hede 113
Hjørring 117
Hobro 95, 109, 110
Høeg, Peter 11
Holberg, Ludvig 26
Holger Danske 42
Holmsland Klit 98
Holstebro 115
Holstein 85
Hornbæk 44
Horsens 85
Høst, Oluf 59, 60
Humlebæk 43
Hvide Sande 13, 98
Hvide Sande Kanal 98

I

Isenstein, Harald 47
Ishøj 33
Island 95, 99, 117

J

Jacobsen, Arne 11, 87, 105
Jacobsen, Egil 102
Jacobsen, Peter 78
Jammerbugten 117–119
Jelling 81, 86–88, 95
Jensen, Knud 43
Johannsen, Viggo 122
Johansen, Frithiofff 115
Jørgensen, Thorvald 21
Jorn, Asger 102, 111
Jütland 6, 7, 8, 107, 123

K

Kangerlussuaq 99
Keldby Kirke 53
Kerteminde 72
Kierkegaard, Søren 10, 24, 32
Knud IV., König von Dänemark 68
Knuthenborg Safaripark 49
Køge 18
Køge-Bucht 33
Kolding 81, 84–88
Kong Asgers Høj 53
Kongens Lyngby 33
Kong Humbles Grav 78

Kopenhagen 6, 7, 10, 11, 12, 15, 18–36, 37, 38, 50, 51, 55, 67, 69, 85, 99
Alexander Newsky Kirke 28
Amagertorv 25
Amalienborg Museum 27
Amalienborg Slot 27
Arbejdermuseet 29
Assistens Kirkegård 32
Børsen 22
Botanisk Have & Museum 29
Carlsberg Bryggerierne 32
Charlottenborg Slot 26
Christiansborg Slot 21
Christians Kirke 23
Churchillparken 28
DAC 23
Danske Filminstitut 30
Dansk Jødisk Museum 22
Den Lille Havfrue 28
Det Kongelige Bibliotek 21
Frederiks Kirke 27
Frihedsmuseet 28
Fristaden Christiania 23
Gefion Springvandet 28
Helligånds Kirke 25
Hirschsprungske Samling 28
Højbro Plads 25
Holmens Kirke 22
Inderhavn 28
Kastellet 28
Københavns Museum 30
Købmagergade 25
Kongelige Teater 26
Kongens Nytorv 26
Kunstindustrimuseet 28
Marmorbroen 21
Nationalmuseet 21
Nikolaj Plads 26
Nørrebro 32
Ny Carlsberg Glyptotek 20
Nyhavn 27
Nytorv 24
Operahus 24
Orlogsmuseet 23
Rådhus 20
Rådhuspladsen 20
Rosenborg Slot 29
Rundetårn 25
Slotsholmen 21
Statens Museum for Kunst 28
Strøget 24
Teatermuseet 21
Thorvaldsens Museum 21
Thotts Palais 26
Tivoli 12, 30, 31
Tøjhusmuseet 21
Tycho Brahe Planetarium 30
Universitet 24
Vesterbro 31
Vor Frelsers Kirke 23
Vor Frue Kirke 24
Zoologisk Have 32
Köpke, Arthur 111
Korsør 47, 71
Krogh, Christian 122
Krøyer, Peder Severin 10, 28, 121, 122

L

Ladby 67, 72, 95
Læsø 120
Lakolk 90
Langeland 7, 50, 67, 77–78

Larsen, Johannes 72, 74
Legoland 15, 81, 87
Lejre Forsøgscenter 40
Lemvig 114–117
Libeskind, Daniel 22
Lild Strand 116
Limfjord 8, 109, 111, 112, 113, 114, 115, 116, 120
Lind, Gustav Johannes 85
Lindholm Høje 112
Liselund 52
Løgstør 112
Løgumkloster 89
Løkken 117
Lolland 7, 49–50
Lund, Søren Robert 33

M

Madsen, Karl 122
Mandø 94
Margeritenroute 86, 110
Margrete I., Königin von Dänemark 38
Margrethe II., Königin von Dänemark 8, 19, 27, 45, 90
Mariager 109
Mariagerfjord 109–110
Maribo 49
Marielyst 50
Marstal 78
Møgeltønder 88
Møllehøj 7
Møller, Erik 105
Møn 7, 8, 49, 52–53
Møns Klint 52
Mors 114
Mortensen, Anders 72
Mortensen, Richard 85

N

Næstved 48–49
Nationalpark Wattenmeer 94
Nerger, Christian 23
Nexø 54, 62–63
Nexø, Martin Andersen 32, 62
Nielsen, Anne Marie 68
Nielsen, Asta 30
Nielsen, Carl 68
Nielsen, Jens 115
Nielsen, Kai 74
Nordby 96
Nørre Vorupør 116
Notke, Bernt 103
Nuuk 99
Nyborg 71–73
Nylars Kirke 57, 65
Nyord 53
Nysted 49

O

Odense 20, 67–71
Oehlenschläger, Adam Gottlob 26
Olsen, Allan 122
Olsen, Jens 20
Øresund 6, 18, 19, 37, 41, 43
Øresundbrücke 20
Ørsted, Anders Sandøe 77
Ørsted, Hans Christian 77
Østerlars 57, 61–62

P

Panton, Verner 87
Pedersen, Alfred 115
Pedersen, Carl-Henning 93
Peter I. der Große, Zar 26, 38, 50, 51
Plesner, Ulrik 121

R

Råbjerg Mile 122
Randers 81
Randers Fjord 102
Rebild Bakker 110
Ribe 10, 81, 91–94, 95
Ringkøbing 12, 100
Ringkøbing Fjord 98–101
Ringsted 48
Rødbyhavn 49
Rømø 7, 14, 81, 90–91, 94
Rønne 55–57, 56, 64, 65
Roskilde 10, 14, 18, 37–41
Rubjerg Knude 118
Rude, Olaf 60
Rudkøbing 77
Rundkirchen 56, 57, 58
Runensteine 54, 56, 81, 86, 95

S

Sæby 120
Salling 113–114
Saltum 117
Samsø 105
Sandvig 57
Schleswig 85
Schleswig-Holstein 6, 81, 85
Schleswig (Stadt) 95
Seeland 6, 7, 53, 95, 105, 107, 110
Silkeborg 81, 101–103
Sjællands Odde 105, 107
Skagen 10, 109, 121–123
Skagenmaler 28, 60, 109, 121, 122
Skanderborg 7, 102
Skive 113
Slettestrand 116, 117
Sneglehuset 115
Søby 74, 79, 110
Sønderborg 81–83
Spodsbjerg 78
Spøttrup 114
Spreckelsen, Johan-Otto von 87
Stege 52, 53
Storebælt 6, 47, 71
Store Klint 52
Struer 115
Svaneke 55, 59, 62
Svendborg 75–76

T

Tannis Bugt 119
Tårs 78
Tåsinge 67, 77
Tessin, Nicodemus 23
Thórshavn 99
Thorup Strand 116
Thorvaldsen, Bertel 21, 24
Thy 116–117
Thyborøn 8, 115

Thyra, Königin von Dänemark 86
Toftum 90
Tollund-Mann 101
Tønder 88–90
Tórshavn 99
Trebjerg 67
Trelleborg 47–48
Trier, Lars von 11, 30
Troense 77

Ulvshale 53

Utzon, Jan 96
Utzon, Jørn 11, 87, 96, 112, 123

Valdemar I. der Große, König von Dänemark 37, 48, 81
Valdemar II. der Sieger, König von Dänemark 40, 48
Valdemar IV. Atterdag, König von Dänemark 48
Vejle 10, 86
Vendsyssel 109, 117

Vestervig 116
Vinterberg, Thomas 11
Voergaard Slot 120
Vogelfluglinie 49

Wegner, Hans J. 88
Weigel, Helene 76
Wiehe, Michael 122
Wikinger 10, 39, 18, 21, 37, 39, 47, 54, 67, 68, 71, 72, 81, 91, 92, 93, 94, 95, 103, 109, 110, 112, 120

Impressum

Herausgeber: TRAVEL HOUSE MEDIA GmbH, München
Programmleitung: Dr. Michael Kleinjohann
Redaktionsleitung: Jens van Rooij
Autor: Alexander Jürgens
Autor Tipps Seite 12–15: Wolfgang Rössig
Redaktion: txt redaktion & agentur, Dortmund
Bildredaktion: txt redaktion & agentur
Satz: txt redaktion & agentur
Umschlaggestaltung: independent Medien-Design, München
Karten (Innenteil): Computerkartographie Carrle, München
Karten (Umschlag): Computerkartographie Carrle
Herstellung: Katrin Uplegger
Druck: Drukarnia Dimograf Sp z o. o. (Polen)

Ansprechpartner für den Anzeigenverkauf:
KV Kommunalverlag GmbH & Co. KG,
MediaCenter München, Tel. 089/92 80 96 44

ISBN 978-3-95689-016-1

Neu bearbeitete Auflage 2014
© 2014 TRAVEL HOUSE MEDIA GmbH, München
ADAC Reiseführer Markenlizenz der ADAC Verlag GmbH & Co. KG, München

Das Werk einschließlich aller seiner Teile ist urheberrechtlich geschützt. Jede Verwendung ohne Zustimmung von Travel House Media ist unzulässig und strafbar. Das gilt insbesondere für Vervielfältigungen, Übersetzungen, Mikroverfilmungen und die Verarbeitung in elektronischen Systemen. Die Daten und Fakten für dieses Werk wurden mit äußerster Sorgfalt recherchiert und geprüft. Wir weisen jedoch darauf hin, dass diese Angaben häufig Veränderungen unterworfen sind und inhaltliche Fehler oder Auslassungen nicht völlig auszuschließen sind. Für eventuelle Fehler oder Auslassungen können Travel House Media, der ADAC Verlag sowie deren Mitarbeiter und die Autoren keinerlei Verpflichtung und Haftung übernehmen.

Ein Unternehmen der
GANSKE VERLAGSGRUPPE

Bildnachweis

Titel: Kopenhagen/Nyhafen
Foto: laif (Glaescher)

Rücktitel: links: **Shutterstock** (AR Pictures); rechts: **Fotolia** (airmaria)

Titel Faltkarte: Strandhäuschen am Strand Eriks Hale bei Marstal, Insel Ærø
Foto: Bildagentur Huber (Günter Gräfenhain)

akg images: 21, 29 unten, 68, 69, 95, 122 – **argus:** 2.3 (Wh.), 5.1 (Wh.), 8 links, 40, 80 unten, 82, 83, 84, 88, 89 oben, 90, 91 oben, 97 unten, 101 oben, 102, 103, 108 oben, 112 oben, 118 (2), 133 (Hartmut Schwarzbach), 51 unten (Mike Schröder) – **Corbis:** 4.1 (Wh.) (Ocean), 12.2 (Bo Zaunders), 123 (Ocean) – **ddp images:** 2.2 (Wh.), 73 (Mross) – **dpa Picture Alliance:** 2.1 (Wh.), 10 unten (Maurizio Gambarini), 13.1 (Jan Dube), 14.2, 15.1 (epa/Jens Noergaard), 39 oben (Robert Harding) – **Fotolia:** 15.2 (Loic Francois), 15.3 (Taboga), 45 unten (Sebastian) – **Ralf Freyer:** 22 unten, 34, 35, 128 oben – **Glow Images:** 77 (Imagebroker) – **Udo Haafke:** 39 unten, 47, 56, 61 unten, 62, 65 (2), 66 unten, 70 unten, 71, 86, 94, 95, 100 unten, 108 Mitte, 110, 120, 128 unten, 131 – **Bildagentur Huber:** 2.4 (Wh.), 3.1 (Wh.), 3.3 (Wh.), 3.4 (Wh.), 6, 7 oben, 7 unten, 16/17, 25, 41, 45 oben, 54, 55, 57, 58, 59, 63, 76 (Gräfenhain), 78, 79, 80 oben, 92 (2), 99 (F. Damm), 101 unten, 105, 111, 112 unten (G. Simeone), 113, 114, 116, 118 unten (Gräfenhain), 129 (R. Schmid) – **IFA-Bilderteam:** 4.3 (Wh.), 117 (Thouvenin), 130 (Schösser), 107 – **Images.de:** 43 (Lonely Planet Images/John Elk III), 49 (Lonely Planet Images/Holger Leue) – **Imago:** 5.4 (Wh.), 14.1 (Caro), 127 unten (Metodi Popow), 135 (Jochen Tack) – **Volkmar E. Janicke:** 11 unten, 115, 121 – **Helga Lade:** 96 – **Laif:** 12.3 (Patrik Le), 13.3 (Michael Amme), 23 oben, 31, 32 (Zanetti), 61 oben, 64 (Andreas Hub), 75 (Martin Kirchner) – **LOOK:** 5.3 (Wh.), 8 rechts, 9 oben links (Holger Leue), 23 unten, 28 (Karl-Heinz Raach), 33 (Tina und Horst Herzig), 37, 46, 50 (Holger Leue), 60, 89 unten, 93, 106 (Fritz Dressler), 108 unten, 132 (Max Galli) – **Mauritius Images:** 4.2 (Wh.), 4.4 (Wh.), 9 unten (Prisma), 11 oben (Jürgen Humbert), 30 (Chris Seba), 38 (imagebroker/TPG), 52 (Fancy), 66 oben (Rossenbach), 74 (Fancy) – **Photo Press:** 9 oben rechts, 22 oben, 97 oben (Master), 10 oben, 42, 53, 87 oben, 119 – **Schapowalow Bildagentur:** 5.2 (Wh.), 18/19, 26 (Atlantide), 20 (SIME), 29 oben, 70 oben (Robert Harding) – **Shutterstock:** 12.1 (Nanisimova), 13.2 (mrkob) – **VisitDenmark:** 51 oben (Cees van Roeden) – **Vitra Design Museum, Basel/Berlin/Weil am Rhein:** 3.2 (Wh.), 87 unten (Panton Design, Basel) – **Hanna Wagner:** 24, 26/27, 72, 85 – **Ernst Wrba:** 91 unten, 98, 100 oben, 127 oben

ADAC Wanderbuch Deutschland – mit den 100 schönsten Wandertouren Deutschlands!

■ Jede Tour mit Wanderkarte 1:20 000 – 1:40 000 ■ Übersichtliches Kartenbild ■ Exakte Tourenbeschreibungen, Info-Box, Top-Tipps, GPS-Koordinaten und Höhenprofile ■ Überwiegend leichte oder mittelschwere Wanderungen, darunter viele Familientouren.

Überall, wo es Bücher gibt, und beim ADAC.

www.adac.de/shop   ADAC Verlag GmbH & Co. KG